Gabriella Buonomo

Frammenti in cerca di un "Insieme"

*E a te che leggerai questo libro;
ovunque si poseranno le parole che troverai,
spero possano aiutarti a creare un tuo viaggio interiore.
Unico e solo tuo.*

*Veniamo tutti da molto lontano,
con il nostro bagaglio pesante o
abbastanza leggero.*

*Dopo esserci sottoposti ai giudizi
e agli sguardi di tutti, forse è
giunto il momento di capire che
non siamo la somma di
differenti elementi separati tra
loro. Ma siamo unità, persona,
un "insieme", noi siamo il
Tutto, nel panorama di una vita.*

Amati!

Indice

Capitolo secondo

I sentimenti e le emozioni   59

Questo saggio di Gabriella Buonomo, teso a interpretare la vita nel suo divenire, riporta ancora una volta d'attualità l'importanza dei sentimenti e delle emozioni.

L'autrice introduce "la grammatica dell'affettività" dove il soggetto è la libertà, "le persone non si possiedono, si vivono." I luoghi dove dare spazio all'emotività sono le relazioni. Un legame è un viaggio di due anime, "l'accadere" dei sentimenti come un periodico vagare, rivela una complessità spesso impercettibile che diventa sorgente di gioia, gratificazione, rapimento, ma anche, in alcuni casi, di incomprensioni, abbandono e dolore. L'elemento principale è la comunicazione. La comunicazione è la dimensione del pensiero, della logica e della sensibilità.

Da questa prospettiva, il libro si pone come un modello con il quale dobbiamo confrontarci ogni volta che lasciamo annegare un rapporto nel mare del nostro egoismo. L'autrice indica nell'ascolto, "Si ascolta facendo un vuoto dentro per fare spazio all'altro", e nell'uso delle parole, "Le parole possono fare bene ma anche del male", quel terreno dove l'incertezza diventa una possibilità. Le relazioni sono anche i luoghi dove curare le nostre ferite, in quel processo di guarigione interiore che avviene solo quando ci confrontiamo con le nostre emozioni. Interessante il legame che l'autrice individua tra arte e relazioni: l'arte libera le emozioni e aiuta a ritrovare se stessi.

Prendendo spunto da questo bellissimo saggio, mi piace pensare che vivere una relazione, "quando le parole danzano sulla fragilità della vita", sia una delle più belle espressioni artistiche che l'uomo possa elaborare. E di arte, nel libro di Gabriella Buonomo, c'è un'ampia gamma. Il libro ha dei momenti di poesia che toccano il cuore, come in "Andare via", dove l'autrice tratta il tema, purtroppo sempre presente, della violenza sulle donne, oppure in "A domani", un commovente racconto dove il dolore per la morte di una persona cara, si trasforma, attraverso un dolce saluto, in un dono per un domani migliore.

L'opera di Gabriella Buonomo, frutto di studi, ricerche, incontri e racconti, è anche una musica melodiosa del cuore, dei suoi desideri, delle illusioni e dei sogni, del dolore, dell'uomo nella pienezza del suo essere.

Leonardo Sparace
Poeta e scrittore contemporaneo
autore di diversi libri
dirige la Lemy School di Londra

Introduzione

E' capitato anche a me di non leggere a volte l'introduzione dei libri, ma sii gentile, questa, leggila! Questo libro è il compendio di alcuni anni di incontri, di riflessioni personali, progetti, accompagnamento, condivisioni, con persone che hanno per qualche tempo sostato nella mia vita. Devo a loro questo libro, alle loro storie, narratemi in modi e contesti diversi. Storie e vicende di vita, di esistenze che ho avuto il privilegio di affiancare.
Mi è sembrato bello mettere insieme i tratti di queste vite che sono ancora in un loro divenire, come la vita di ciascuno. Troverai tra queste pagine piccoli racconti, frammenti, frasi, parole ascoltate, sentimenti, emozioni. E' un testo che tratta di umanità, di passaggi interiori, anche i miei, di malattia, di morte, di superamenti, di dolore e di amore, di passione e di coraggio, di amicizia e di abbandoni. Gli ingredienti della vita stessa che si mostra a noi ogni giorno con le sue contraddizioni. Poichè la vita è complessa e affascinante, avvincente e struggente allo stesso tempo. In questo libro ti capiterà sicuramente di specchiarti in qualche personaggio, in qualche sentimento, emozione, in un pezzetto di viaggio interiore, in un atto di auto-guarigione. A me è capitato con molti libri, ai quali devo alcuni momenti di svolta nella mia vita.

Non pretende questo, il mio libro, ma so per

certo, che qui potrai in qualche maniera specchiarti, con i tuoi sentimenti, con tutto il tuo dolore, con tutta la tua voglia di fare, e trovare qualche risposta, qualche accenno di conforto o di orientamento per il tuo futuro.

E so per esperienza che a volte basta anche una frase a dare la giusta spinta, la giusta chiave di lettura per uscire allo scoperto e darsi finalmente da fare, sapendo da dove ripartire, da dove ricominciare, da dove ri-cominciarsi.

Leggersi

Comunichiamo con la voce, con le parole, con lo sguardo, con l'istinto, con le sensazioni, con i ricordi, con le percezioni. Comunichiamo con i nostri corpi personali. E tentiamo di connetterci agli altri, altri piccoli pianeti, come il nostro, che circolano sulle strade delle esistenze che si incrociano, che si incontrano. Siamo interpreti della realtà che ci circonda, siamo narratori e narrazioni, che attribuiscono uno scopo, un senso, emozioni o desideri alla vita stessa che si svolge dentro i nostri giorni. Narrare è come mettere un po' in ordine alcune pagine della vita sottoposta al caos dell'esistenza stessa. Quello che so è che un giorno ho deciso di mettere insieme, alcuni " Frammenti;" solo frammenti, tratti di strada, piccole narrazioni, brevi riflessioni. Il tentativo di condividere qualche pezzetto di vissuto, in punta di piedi, con discrezione e attenzione alle parole, che sono destinate a te che sei qui per iniziare questo piccolo viaggio, dalle relazioni ai sentimenti e alle emozioni e infine verso le rive della guarigione. Questo libro è una piccola raccolta di modi di esprimere esistenza, che mi sono stati donati, nel tempo, lungo i viaggi relazionali, nella mia esperienza personale prima che professionale. Frammenti divenuti a me cari, come parole Karmiche che mi hanno aiutata spesso a ritrovare il mio centro. Frammenti di riflessioni personali, di idee che ho maturato nel tempo, riguardo alla vita e al vivere, all'amicizia, al bene, all'amore, al dolore, alla guarigione, alle relazioni. Si narra del vivere, di superamento di sé, di fiducia in sé stessi, di lottare per, di lottare con. Desideravo testimoniare l'esistenza di vite e di vissuti che mi hanno insegnato tanto. Essere testimoni della vita dell'altro: non c'è modo più grande di onorare quella vita, onorare quella narrazione, quel vissuto, e dargli la possibilità di non disperdersi nel non-senso, nella insignificanza. Essere testimoni è un atto d'amore, di amicizia, è come dire " Ho visto la tua vita, non mi è passata inosservata!". Raccogli anche tu i tuoi frammenti e fanne una storia, la tua!

Narrarsi

Narrarsi è l'arte del "dirsi" del raccontare di sé. E un libro è sempre un compagno di viaggio molto importante per imparare a "dire di me". I libri mi hanno insegnato a narrarmi sempre di più. A raccontarmi con tutte le mie emozioni. Non ho mai abbandonato un libro sul comodino o sulla libreria per tanto tempo, e cosi è stato per le mie relazioni. Non ho mai trascurato per molto tempo qualcuno. Leggere mi ha aperto gli occhi, mi ha aiutata a considerarmi meglio di quanto pensassi un tempo. Leggersi, narrarsi, dirsi, mostrarsi, esporsi, consegnarsi a volte, disporsi, porsi, la vita è sempre un "andare verso", e i libri sono quei gradini che ti portano in cima, e la vista da lì è da mozzafiato!
Il Panorama della tua vita, dal quale salpi ogni giorno per nuove avventure e nuove narrazioni. Dunque non aver paura di buttare giù qualcosa, di dire qualcosa che ti sta a cuore, trova il tuo modo cosi unico di narrarti, di scegliere la storia che vuoi essere. Liberati da quei copioni che forse per troppo tempo ti hanno aiutato, aiutata, a restare sulla scena di un palcoscenico che non era il tuo, ma quello in cui ti ci hanno messo gli altri. Da oggi, se ancora non l'avessi fatto, e forse grazie anche a quelle parole che troverai tra queste pagine, potrai scrivere la tua nuova storia! Tu che prima non riuscivi a mettere insieme i pezzi della tua esistenza: ascolta, si ascolta! Perchè i libri non si leggono, i

libri "parlano" e alcuni vanno ascoltati sul serio!
Dunque ascolta anche questo libro e prova a vedere
dove ti porta, e fino a che punto sei in grado di
scrivere il tuo personalissimo futuro! Sono infinite
le vie per aprire un sentiero verso il cambiamento,
verso una trasformazione. Uno scambio con
qualcuno che conosci da poco, un film che ti ha
appassionato, un libro, un incontro inaspettato. Le
vie della tua trasformazione! Le vie che hanno
acceso, o che possono accendere parti di te
addormentate.

Lascia che le idee, le intuizioni partino e senza
giudicarti mai, seguile, scrutale e cosi, idea dopo
idea, comincerai a far crescere la tua persona, e non
importa quale sia la tua età. Fa che queste idee siano
al servizio degli altri, di chi ha bisogno o di chi
vuole scommettere su un mondo migliore. Questo
libro è un viaggio, un'esplorazione, e tu sarai lì ad
attraversare un mare di parole, alcune potenti, altre
fragili, altre magiche, altre povere...le parole che ti
saranno utili, insomma. Se decidi di regalare questo
libro a chi ritieni possa essere di conforto o altro,
vorrà dire che questo libro non è più solo il mio
libro ma è anche tuo...fanne ciò che vuoi, usalo
come meglio credi, fallo crescere, portalo dove
credi, parlane come solo tu saprai fare, consiglialo
come se fossi tu, persona terapeutica per l'altro. Io?
Lo lo affido a te! Buoni Frammenti !

*La relazione è sempre un'incertezza
a cui diamo una possibilità.*

23

Capitolo primo

Le relazioni

La relazione

La struttura del nostro cervello, lo rende un cervello detto socievole. Difatti anche gli incontri più banali fungono da regolatori nel cervello, poiché provocano in noi le emozioni più diverse. Più forte è il legame emotivo con una persona, maggiore sarà l'intensità reciproca. Le relazioni dunque non plasmano solo l'esperienza ma anche le nostre funzioni biologiche. Le relazioni, le interazioni sociali sono come dei modulatori, che influenzano continuamente la nostra attività celebrale, mentre orchestrano le emozioni. Tale attività durante le nostre interazioni, provocano sensazioni che si ripercuotono sul nostro corpo, inviando cascate biochimiche e di ormoni, che regolano i nostri sistemi biologici, dal cuore alle cellule immunitarie. Per cui le relazioni gratificanti danno un apporto positivo, ma quelle tossiche decisamente, no. Queste ultime sono come veleno per il nostro corpo.

Cos'è la relazione? E' un "luogo" di incontro tra un Io e un Tu, tra un Io e un Noi.

Può essere un' esperienza di crescita, di dolore, un'esperienza di amicizia, di amore. Ma le relazioni sono anche "il luogo" dell'ospitalità, della ri-nascita, del perdono ritrovato. Il "luogo" dei gesti-forma, delle parole rigeneranti, dell'amicizia imperitura, dell'amore fedele, della gentilezza. Il "luogo" dove ci insegnano cosa vuol dire "prendersi cura di", il "luogo" delle certezze affettive, del conforto, della perseveranza negli obiettivi condivisi. Le relazioni sono anche un "luogo" di sofferenza, il "luogo" delle mancanze, delle ferite ancestrali, della paura. Il "luogo" dell'abbandono, della incomprensione, della violenza.

Le relazioni dunque si sviluppano su piani diversi e su diverse frequenze esistenziali. Ognuno quindi è un mondo a sé. I "mondi" tra loro comunicano, cercano una interazione.

E solo quelle relazioni dove ti senti a casa saranno per te il miglior supporto per affrontare il mondo e la sua complessità. Sono quelle relazioni che ti aiutano ad amare e superare i tuoi limiti, ad accettare i cambiamenti, ad andare oltre te. E che si vinca o che si perda, abbi cura delle tue relazioni.

Come si ascolta?

Non si ascolta con le orecchie, non si ascolta con la mente. Si ascolta facendo vuoto dentro. Si impara ad ascoltare quando sai fare spazio dentro di te per poter comprendere davvero l'altro. Fare spazio significa che il vuoto che prepari è solo per l'altro, non ci sarà posto per il pregiudizio, per ascoltare solo te, per analizzare ciò che l'altro dice mentre ti parla. Mentre ascolti, tutte le tue facoltè saranno svuotate, per fare spazio. Solo in questo modo tutto il tuo essere sarà in ascolto. Solo in questo modo potrai sintonizzarti con chi ti parla, e sapere cosa sente, cosa soffre, cosa sta amando, cosa sta vivendo, cosa vuole cercare di dirti o di dire al mondo.

Responsabilità

Essere responsabili significa saper prevedere le conseguenze delle nostre azioni. Se pensiamo alle parole, noi le usiamo e ne abusiamo spesso. Le parole nascono e muoiono sulle nostre labbra, e quando c'è la distrazione, o la disattenzione, o la dimenticanza, non ci rendiamo conto degli effetti collaterali che quelle nostre parole provocano. Poichè le parole fanno del bene ma fanno anche del male e fare la differenza tra questi concetti è già un atto di responsabilità. Perchè le parole sono portatrici di risonanze emotive in chi le ascolta, le interiorizza, oppure le subisce. Hanno sempre un peso umano e un peso psicologico. La responsabilità è l'abilità di rispondere, la responsabilità che posso assumermi quando qualcosa mi trascina, e io cerco comunque di rispondere.

Siamo tutti chiamati a vivere con responsabilità l'uso delle parole, dei gesti, anche quelli mancati, delle azioni. Ma la responsabilità più grande è quella di imparare a conoscere te stesso e gli altri.

Anatomia della relazione

Se vuoi conoscere una persona devi imparare il suo linguaggio, devi imparare a capire il suo modo di vedere il mondo, sé stesso e gli altri. Resta davanti alla diversità con tolleranza, con apertura, poiché sei di fronte ad una persona che è "altro" da te. Impara, comprendi, apprendi, condividi, sii paziente e goditi la presenza degli altri senza identificarti, senza dipendere: perchè tu sei Tu, con la tua unicità. E se vuoi amare, lascia che l'altro si senta libero di essere ciò che è. La libertà è fondamentale in tutti i rapporti affettivi. Perchè le persone non si possiedono, si vivono.

Frammento

*Le relazioni hanno bisogno di
tempo, di un tempo per chi da e
un tempo per chi riceve.*

*Poiché la nostra coscienza cresce e
si evolve nel tempo.*

*Le relazioni hanno bisogno di
ascolto, dato e ricevuto;*

*l'ascolto nel tempo e il tempo
dell'ascolto.*

*Ci sono poi relazioni che ti
donano continuamente vita, linfa
e relazioni che la vita te la
succhiano, rubandoti il senso della
tua vita e del tuo esistere.*

Attenzione!

Frammento

Il valore delle mie parole, dei miei gesti dipende anche dalla risonanza che hanno nell'altro. Se l'altro è in un ascolto di me oppure no.

Ognuno di noi ha bisogno di essere ri-conosciuto da qualcuno, come persona unica, speciale, come una storia che appassiona: la mia esistenza.

E mi mostra gratitudine, per il fatto che io ci sia nella sua, e viceversa.

L'ascolto

Quando ti chiede di ascoltare, tu non cominciare a pensare che devi dare qualche consiglio. Magari non te lo ha chiesto. Non ha bisogno ora di un consiglio, forse più in là.

Quando ti chiede di ascoltare, non giudicare il suo stato d'animo, perchè non può non sentirsi che cosi. E non fare leva sulla volontà di stare meglio, poiché è magari proprio la volontà, il desiderio di...che ora gli manca.

Quando ti chiede di ascoltare non pensare che devi fare qualcosa, pur di risolvergli i problemi. Non deludere la sua aspettativa di attenzione da parte tua, è tutto ciò che ora ti chiede, dagliela!

Quando ti chiede di ascoltare, ascolta le sue pause, i suoi silenzi, e aspetta che il bisogno di ascolto sia stato davvero esaudito, poi a quel punto, parlagli, e magari ti ascolterà.

Dedicato a coloro che hanno ricevuto il privilegio di crescere un figlio e l'arduo compito di aiutarlo a divenire se stesso. A chi un figlio lo sta ritrovando, a chi lo ha perso, dentro giorni vuoti di parole, tra le mura del non-dialogo. Dedicato a chi insegna e li vedrà crescere dietro i banchi quei ragazzi che chiedono cosa sia la vita. Dedicato a coloro che si occupano di umanità, e ogni giorno sanno meravigliarsi e stupirsi delle passioni fragili degli adolescenti.

Frammento

Quando metti una persona all'angolo ottieni solo una vittoria narcisistica.

In una comunicazione mediocre ci sono solo sconfitti, poiché chi rinuncia all'ascolto, alla comprensione, resta chiuso nella sua stanza di ragioni tutte sue e che rimarranno sue, in quella stanza.

Nel dialogo c'è vita, confronto, crescita, cambiamento.

La vita, è fuori da certe stanze.

Accade

Alcune persone non capitano, nella tua vita, ma accadono, nella tua vita. Le persone che accadono, sono quelle a cui permetti di lasciarti un segno, qualcosa di quel passaggio, che ti permetterà, nel bene o nel male di cambiare, qualcosa di te, che comunque andava cambiato, rinnovato. Un salto di coscienza, di consapevolezza, alla luce di quel passaggio, di quella relazione che ti ha toccato, fino in fondo. Quell'accadere relazionale a cui hai permesso di farti trovare, lì, dove ti difendevi di più, dove ti amavi di meno, dove ti nascondevi, per non soffrire più.

Alcune persone, accadono, dentro di noi. La loro presenza, sembra continuare ad esistere cosi pulsante, cosi presente, anche dopo tanto tempo. Non è fare memoria, ma ri-cordare, richiamare al cuore. E ciò che accade non lo impari, lo incontri, lo vivi, lo soffri, lo allontani, lo ami, lo temi, lo combatti, ci entri in dialogo. Lo ascolti, lo nutri o ti lasci nutrire. Lo ritrovi, poi, dentro un nuovo modo di pensarti, di amare te stesso. Le persone che lasciamo che accadano nella nostra vita, saranno sempre qui, tra il pensiero mattutino e un sorriso che si dispiega sulle nostre labbra....senza un perché.

Dedicato a chi ha imparato o desidera imparare a

custodire ciò che gli accade di buono e di bello, ad essere più grato di ciò che è accaduto nella propria vita che deluso per ciò che è andato perduto.

Madre

La madre è l'attesa, la madre è Il Principio che rende possibile la vita. Fusione di corpi che gravitano per nove mesi nell'invisibilità di uno sguardo, nell'invisibilità di abitarsi da dentro, come due sconosciuti che si amano da subito. L'uno nel grembo, l'altra che lo sorregge.

La madre ci insegna ad amare oltre, senza aspettative, poiché è e sarà tutto Bello, bello agli occhi della madre, bellezza che si definisce nell'attesa, perchè certe attese sono preludio del verbo amare...ti amo solo per il fatto che tu ci sia e ci sei perchè io possa finalmente amarti!

La madre è vita che genera vita, l'universo si raccoglie tutto nel silenzio della gestazione, e crea da dentro, una nuova vita, generata non solo dalla biologia, ma soprattutto dalla vita che la contiene, dal suo respiro, dalla sua voce, dal suo sentire emotivo, dalla sua gioia, dal suo canto, dal suo sorriso; tutto l'universo in un battito di cuore che accompagna il germoglio che cresce lentamente e si fa strada nel cuore del cuore della vita. Nel grembo della madre quella esistenza è cosi straniera e cosi tanto amata, cosi differente e cosi simile, un'esistenza che resta per nove mesi e che poi andrà pian piano per la sua strada...nessun figlio è posseduto dalla madre, nessun figlio dovrebbe essere posseduto dalla madre. La madre è lascito, eredità, è uno slancio verso il futuro. È il luogo dell'arrivo e quello della partenza. Poichè l'amore nulla trattiene, tutto accoglie, tutto trasforma.

Dedicato alle madri che hanno perso un figlio, che hanno dato la vita per una vita che si è spenta troppo presto, legge della natura che è anche matrigna. Alle madri che hanno atteso con amore un figlio con diverse caratteristiche, fiore all'occhiello dell'amore che sa accogliere tanta bellezza e tanta fragilità, nella pazienza e nella fatica dell'amore che si dona. Io mi inchino con il cuore ignorante, ai piedi di tale Amore!

Dedicato anche alla mia mamma sensibile e attenta, presenza amabile, Marisa.

Siamo tridimensionali

Chi vive nella dualità, bene-male, bianco-nero non vede molto lontano.

I veri "alternativi" sono coloro che sperimentano che il Grigio è il colore migliore. Gli altri sono solo schiavi dei giudizi, delle aspettative, delle regole del clan, del sentito dire comune, dei giudizio, del pregiudizio di visione.

E finché non sai chi sei e chi vuoi essere, o ti lamenti di tutto, o fai la vittima. E certo ci vuole un po' di coraggio, ci vuole sempre del coraggio per la felicità, in tutto questo...non scegliere, non agire, non esporsi, seguire il gregge, far finta di nulla, è più semplice.

Ritengo che siamo tutti ombra e luce.

La normalità? Credo profondamente che sia lo spazio di un'accoglienza, che allarga, centimetro dopo centimetro, quel confine tra bene e male, bianco e nero. Perché in questo mondo c'è spazio per tutti. Noi non siamo duali ma tridimensionali.

Dedicato a coloro che si occupano di educazione, di formazione umana, di aiutare a crescere con responsabilità, alla vita. Non ci sono da salvare dei concetti, ciò che c'è da sempre da salvare prima di tutto, è l'essere umano. Dedicato a chi ha finalmente imparato che non siamo tutti diversi, ma tutti unici!

Frammento

Le persone migliori sono quelle che non dicono più di quanto possono promettere e alla fine fanno sempre di più di ciò che hanno cercato di promettere.

Paroliamo

Le parole non sono incolori, le parole non sono uniformi, le parole non sono facili. Le parole sono anche fragili, certe parole poi sono come piombo, seguite da azioni e gesti aggressivi. Anche il silenzio parla. Ostinato silenzio che diventa un muro di gomma. Il silenzio che nasconde, o che emargina, il silenzio di chi ascolta, il silenzio di chi soffre, il silenzio punitivo, Il silenzio di chi attende. Le parole danzano sulla fragilità della vita, perchè la vita è fragile. E la fragilità fa parte della vita. Senza le parole non potremmo disegnare la realtà, e a seconda delle parole che usi, avrai la realtà che vivi. Poichè il mondo è la tua psicologia. Le parole fanno risuonare le nostre emozioni, i nostri stati d'animo, le nostre tristezze, la nostra gioia. Ci sono parole che costruiscono, altre usate per distruggere, altre per confondere e dominare. Comunicare è l'arte del vivere con, del vivere per, l'arte del comprendere, l'arte del mediare.

Con le parole puoi convincere, o puoi sconfiggere, puoi ferire o medicare, puoi scoraggiare o entusiasmare, puoi appassionare! Puoi cambiare un pensiero, cambiare opinione, cambiare un giudizio.

Comunicare non è ciò che dici o vorresti dire, ma è ciò che arriva agli altri, quindi chiediti sempre: "Cosa, di tutto ciò che ho detto è arrivato al mio interlocutore?".

Saper comunicare significa saper leggere

l'espressività di chi ci sta dinanzi.

E l'intento non è quello di smascherare, ma di entrare di più in empatia con le persone.

E questo consente di conoscere meglio anche noi stessi. Una buona comunicazione si avvale di intelligenza emotiva, che ti permette di sapere cosa stai provando, come lo stai esprimendo, come lo stai tollerando, contenendo. Intelligenza emotiva significa anche capacità di capire cosa sta provando l'altro, e come stai gestendo, tollerando quello che l'altro esprime.

Se una persona dice "No", o se non capisce, o si chiude, non è una persona negativa, né tu stai sbagliando. Il comunicatore accoglie quel "no" o quella chiusura, non come un fallimento, ma può ottenere delle informazioni da tutto ciò, informazioni che gli permetteranno di comunicare meglio la prossima volta.

La resistenza è l'unica forza che ci permette di conoscere l'altro. Finchè una persona ci dice sempre di si, in verità scopriamo molto poco di quest'ultima.

Frammento

Quanto più una persona comunica solo certezze, su ciò che sa, su ciò che fa, su ciò che è o crede di essere, tanto più le sue parole si svuotano di significato.

Quando invece una persona si narra con le sue crepe, con le sue contraddizioni e fragilità, le sue parole divengono piene di significanza, incarnate in una storia vivente.

Attenti quando qualcuno vi racconta di sé.

Il dialogo

Ogni relazione può vivere solo dove c'è un comunicare autentico. E ogni dialogo dovrebbe essere libero da giudizi di valore, da pregiudizi, da assunti definitivi che possono bloccare il sentire dell'altro, freddarlo, umiliarlo. Un dialogo per comprendere l'altro, dovrebbe assumere il divieto categorico di usare parole che determinano colpevoli e colpe, fallimenti e falliti, errori e orrori, sbagli e persone sbagliate. Un dialogo che aiuti a riconoscere responsabilità, piuttosto che produrre giudizi o diagnosi.

All'interno di un dialogo serio, le parole vanno misurate, bilanciate, soppesate. E se non si può dire la verità per intero, evitare di dire bugie, ma dire un po' di verità, quella che l'altro ora può sopportare.

Se una persona a te cara va in crisi, sappi che spesso c'è bisogno di andare in crisi. E che spesso la crisi non dipenderà dal comportamento di qualcuno, è un aspetto della vita, la crisi. Il dialogo può ristabilire pian piano un momento di pausa dalla crisi, senza far sentire chi è in crisi come persona indesiderata, fastidiosa, inopportuna. Le parole scelte con cura, possono medicare quello stato d'animo che sottende anche l'ansia. E dialogando si possono costruire ponti comunicativi, affinchè quel dolore sia vissuto da chi lo soffre e da chi lo accoglie come qualcosa di naturale, una delle tante forme del nostro divenire nel flusso di un'esistenza che merita attenzione e tempo, per l'incalzare degli eventi interni ed esterni. Dialogare è terapeutico, è un modo per dire all'altro "Ora ci prendiamo del tempo e cerco di starti accanto mentre attraversi questo buio momento, senza domande e senza cercare subito delle risposte, ci sarà un tempo anche per quelle. Ora dimmi solo come ti senti e cosa posso fare per te".

Frammento

*Non siamo mai soli, siamo sempre
di fronte a delle presenze: gli altri.*

*Ma chi soffre di mal di vivere,
soffre la relazione.
Sono persone che hanno subito e
che subiscono molto
la presenza dell'altro e delle
situazioni della vita.
Come se non vi fosse alcun
confine tra la loro interiorità e il
mondo di fuori,
per questo si sentono
costantemente minacciati
dal mondo e dagli altri.*

*La vera libertà è non avere più
vincoli, è la capacità di creare
legami senza rischiare di dover
soccombere.*

Solo io posso giudicarmi.
Io so il mio passato,
io so il motivo delle mie scelte,
io so quello che ho dentro.
Io so quanto ho sofferto,
io so quanto posso essere forte e fragile,
io e nessun altro.

Oscar wilde

Capitolo secondo

I sentimenti e le emozioni

Cosi come fa la conchiglia,
quando entra il dolore nel mio cuore,
posso costruire la mia perla.
Poichè la perla nasce da una ferita.

Da dove viene il tuo sentire?

Nelle loro narrazioni, molte persone riportano alla luce quel bambino che è in loro. Spesso accade che da bambini, in un tempo ancestrale, dimenticato per sempre, di solito dopo un evento-trauma, ci si è ritrovati tutti soli e indifesi, a fare i conti con una malattia, con una relazione familiare faticosa. E così il bambino che siamo stati, con il tempo, per sopravvivere, ha cominciato a non sentire più nulla. Per proteggersi per sempre da un dolore o da una sofferenza troppo grandi. Rinunciando spesso ad una parte di sé, sacrificandola a volte, per aiutare o credendo di poter aiutare così i propri genitori. Facendo morire parti di sé.

Molte delle difese che ormai da adulti mettiamo in atto, sono frutto di anni e anni di esercizio di sopravvivenza all'interno di dinamiche familiari difficili per il bambino che siamo stati. Strategie che hanno penalizzato la capacità di sentire e di esprimere le nostre emozioni. Imparando piuttosto a tenerle a bada, a controllarle, a gestirle, a bloccarle. Pur di assicurarsi, quel bambino, di poter sopravvivere dentro quei legami e non sentirsi solo, emarginato. Noi tutti siamo il frutto della qualità delle relazioni che abbiamo avuto con gli adulti che si sono presi cura di noi. Tale relazione e la sua qualità hanno influenzato il nostro percorso esistenziale. Il riverbero di quel "sentire" che cresceva in noi, dentro quella relazione, lo ritroviamo spesso, nelle relazioni del presente.

63

Amare te stesso

" Ma tu mi ami?" Chiese Alice

" No non ti amo" rispose il Bianconiglio

Alice corrugò la fronte e si sfregò le mani, come faceva quando era ferita.

Allora disse Bianconiglio "Perchè ci saranno giorni nei quali sarò stanco, ogni giorno accade di calpestare i sentimenti per noia, o per distrazione. Se non crei una corazza di pura gioia intorno al tuo cuore, i miei deboli dardi ti feriranno. La prima volta che ti ho vista, ho fatto un patto con me stesso, mi sarei impedito di amarti fino a che non avessi imparato tu per prima a sentirti amata preziosa per te stessa, perciò Alice non ti amo, non posso farlo"

Tratto dal racconto "Le avventure di Alice nel Paese delle Meraviglie" di Lewis Carroll

Dedicato a chi pretende di essere amato dall'altro, più di quanto riesca ad amare se stesso.

l'Amore, quanto l'amicizia, sono dei percorsi per ciascuno di noi, ai quali ognuno è stato chiamato a fare. Percorsi che ti consentono, di esperienza in esperienza, di capire, tu, come ami.

Nell'Amore e in amicizia, ogni gesto non è solo un semplice gesto ma una forma-gesto.

Ricco di simbolismi legati al modo di pensare al mondo, agli altri, al modo in cui ci hanno insegnato ad amare l'altro, a prenderci cura o meno, dell'altro.

Imparerai che se una persona ti piace, stai per relazionarti ad un'altra libertà.

E per relazionarsi ad un'altra libertà, bisogna essere persone mature.

Poiché una libertà non puoi vincolarla. L'affetto non è mai un vincolo ma un legame.

Se scegli di amare, di voler bene, eviterai di far del male a te stesso e/o ad altri.

Darai il giusto peso alla realtà corporea, poichè il corpo parla, trasmette, sente, condivide, accoglie. Il corpo è un importante protagonista di questa storia che stai vivendo. Le tue emozioni ne sanno qualcosa.

Imparerai a conoscere quali sono quei nuclei di morte all'interno del rapporto con l'altro. Senza conoscerli, entri in una relazione come uno sprovveduto, una sprovveduta. E rischi di ritrovarti in una strada senza uscita.

E saprai che ognuno ha un passato, che può

diventare spesso il filtro con il quale colora le proprie relazioni, nel presente. Bisogna guarire la memoria e guardare l'altro e la nuova relazione d'amore o di amicizia, con un mentale vergine.

E cercherai anche di comprendere se la persona che hai davanti a te, ha delle aspettative mature o adolescenziali. E quanto sia importante la comunicazione e l'ascolto reciproci.

Fiduciamoci

La fiducia è un'esperienza, che ci consente di confidare o meno nell'agire e nel sentire dell'altro. Le nostre percezioni giocano un ruolo importante all'interno di un rapporto dove regna la fiducia.

Le persone sono ombra e luce, lo rammentiamo poco quando qualcuno, a cui vogliamo bene, ci delude. Dimentichiamo quasi subito che l'altro è anche luce, altrimenti non gli avresti voluto cosi bene. Le relazioni sono "la scuola" della vita. Nelle relazioni impariamo a crescere a divenire maturi, grandi, affidabili, responsabili, almeno dovremmo. Chi non sa accogliere le ombre dell'altro, non sa accettare le sue. Tra ombre e luci si riversano i nostri giorni, dietro continue scelte da prendere, a volte in cosi poco tempo. La fiducia non è un sentimento, è un'esperienza, e come tale, non puoi capire se fidarti o meno, se non sul campo, facendo esperienza dell'altro, delle sue parole, dei suoi gesti, della sua volontà. Non dico che non esistono persone inaffidabili o bugiarde, ma ci sono anche persone che spesso si percepiscono "difettose", "sbagliate", dentro una penombra, o al buio. Sono quelle persone che raramente riescono a portare avanti un rapporto sentimentale o di amicizia. Hanno sperimentato abbandoni su abbandoni, spesso determinati da loro stessi; fallimenti su fallimenti, sul piano umano. Le loro ombre sovrastano, le vedi da subito, che si rovesciano come pioggia su di te, facendoti del male. Ma non c'è volontà di farlo, è solo che a forza di sentirsi cosi "difettosi", la paura li sgomenta e a causa di quest'ultima, restano immobili, o disorientati su cosa sia giusto fare. Di certo risulta più facile fidarsi di chi ci accontenta, di chi ci sta a sentire, di chi condivide gli stessi valori, di chi ci somiglia di più. Ma quando si tratta di avere a che fare con qualcuno che ti sembra venire da un altro pianeta è tutt'altra storia. Eppure scopriresti, che la fiducia è terapeutica. Guarisce chi è stato ferito fino a credere sul serio di essere "sbalgliato". La fiducia è una pillola d'amore e di bene, per chi non sa più chi è. La fiducia è un'esperienza di responsabilità personale, di crescita identitaria.

E soprattutto la fiducia vera, nasce e si costruisce, dopo tanti, tanti sbagli.
Chi è sempre impeccabilmente affidabile, se provi a sbagliare qualcosa, ti farà sentire in colpa o non all'altezza. Diffida di tali personaggi.

Di chi fidarsi allora? Di chi ci prova e ci riprova, perchè ce la vuole proprio fare con te, e lotta e sbaglia, e cade e ti fa cadere, ma non molla e qualcuna l'azzecca! Ho sempre amato di più le persone " imperfette", mi hanno fatta sentire a casa! A casa di umanità.

Dedicato a chi vuoi tu. Dedicato a te se ti senti tra i "difettosi": non mollare!

Ps Fammi sapere come va. Un abbraccio intenso.

Innamorarsi

Innamorarsi non è amare. Innamorarsi etimologicamente ha una caratteristica tutta sua; è l'atto di andare verso qualcuno mentre il cuore, si sta innamorando, ma non ama ancora. E' qualcosa che accade in divenire, non a caso, non in un fulmine a ciel sereno. Non è un inciampo, per intenderci, è una esperienza che cresce e prende forma dentro di noi. Ma non è ancora amore, amare. E mentre cresce questo sentire emotivo, il cuore arreda le migliori stanze per accogliere l'altro, per permettergli, per permetterle, di essere ospitato, ospitata, dentro di te, e tu felice fai spazio perchè l'altro possa sentirsi a proprio agio. Fai ospitalità, ma non ami ancora, lo farai, accadrà, ma non ancora. I tempi dell'innamoramento sono fondamentali, sono i tempi della "scelta", dello "scegliersi". Non sottovalutare questo tuo innamoramento, non avere fretta, concediti tutto il tempo di intuire, di capire se quella persona ti piace sul serio. Sottoponiti alla struggente esperienza della mancanza, della nostalgia, per appurare quanto sia sincera la tua ricerca di amore e di amare, quella e solo quella data persona. Nell'innamoramento tutto è erotico, nel senso greco del termine e più adeguato, per me. Eros: quel moto interiore che fa muovere una persona verso l'altra, attratti dalla bellezza. Dalla bellezza che vedo in lui, in lei e in nessun altro, cosi come la vedo lì, in quell'anima, che desidero amare. La stessa bellezza che a sua volta l'altro vede in me e in nessun altro all'infuori di me. Ed è lì che vivrai il senza-tempo, lì, alla fonte dell'amore, dell'eros, della bellezza che ci attrae in tutte le sue meravigliose forme. La bellezza che ci muove verso la vita, che ci attira verso il vivere.

Buon innamoramento, a te!

Amore incompiuto

Prendo consapevolezza che una relazione sentimentale, può farti sentire libero quanto prigioniero, sazio quanto svuotato, amato quanto abbandonato.

"Quella lontananza era diventata la cosa più familiare tra di noi, con la differenza che io volevo stare con una persona, non con la sua distanza!"

Ritengo che nella vita le perdite ci lasciano orfani di desideri spezzati, di aspirazioni incompiute ed è la paura di incompiutezza che si radica nel cuore. Sembra che tutto all'improvviso si fermi, o che tutto diventi fugace, nella vetrina della vita che passa. Gli abbandoni spezzano orizzonti possibili di bellezza, di narrazioni, di storie che non avranno mai un loro percorso, che non lasceranno mai una traccia di due persone, su questa terra. Due cuori che si amano e si ameranno, ma nell'incompiutezza.

Ps Coraggio: agire del cuore, ci vuole questo "agire" per essere felici, uscire dalla "stasi", mettersi in un movimento. Desiderare è questo.

Frammento

A volte può capitare di decidere di stare con qualcuno, non per amore, ma solo per cercare di spezzare un altro legame.

Cosi scopriamo che ci si può prostituire anche senza soldi.

Ci facciamo un po' (?) di male, per un bene più grande(?).

Accade cosi spesso che la soluzione, è il problema.

Frammento

*Quando una persona decide di
volerti davvero bene, verrà un
momento in cui ti donerà
la cosa più preziosa di sé: ti
donerà la sua insufficienza,
le sue ombre, la sua vulnerabilità.
E tu saprai che potrai fidarti di
lui, di lei.
Perchè puoi sempre fidarti
di chi si lascia un po' ferire da te e
ti da un'altra possibilità.*

Abbi cura di quel Bene.

Quella ferita d'amore chiamata, trauma

"Mi nascondevo ad un certo punto, nel bagno, nel vano doccia. Aspettavo anche per un'ora o più che la mamma venisse a cercarmi, io ci speravo che si accorgesse che non ero più lì con lei. Era il mio gioco preferito, cosi potevo vedere la mia mamma che mi cercava, perchè magari le mancavo. Avevo sei o sette anni, ma avevo cominciato a farlo anche da più piccina. Mamma era sempre con la testa altrove, cuciva per ore o rammendava, o faceva l'uncinetto. Con la testa abbassata passava pomeriggi interi a fare quel lavoro maledetto! Io le stavo accanto, la chiamavo ripetutamente, facevo di tutto per attirare la sua attenzione, ma lei era come assente, lontana. Quando finalmente notava la mia assenza, potevo sentire la sua voce dal soggiorno o dalla cucina, e sentivo i suoi passi per la casa, ero eccitata, contenta! Quando si affacciava sul bagno però, non veniva fino al vano doccia, si limitava a dirmi " Giulia, dai cosa ci fai lì? Vieni fuori!", e richiudeva la porta dietro di sé, lasciandomi in un'angoscia profonda, un vuoto dentro che esplodeva in un pianto sofferto. La depressione di mia madre fu per me una gabbia dalla quale non riuscivo ad uscire, dalla quale neanche lei riusciva ad uscire. Ne capivo ben poco quando ero piccola, ma da adolescente è stato peggio. Quando uscivo con le amiche e andavo a salutarla, lei neanche mi guardava, e se le chiedevo come mi stesse un vestito, mi apostrofava con brutte parole, " Sembri una poco di buono". A 23 anni andai per la prima volta all'estero, a Londra con il mio fidanzato di allora, e mia madre non la prese bene. Prima di partire, alle 10 del mattino, lei era in camera sua, nel letto, con la testa sotto le coperte. Le dissi " Allora io vado mamma, torno lunedi", ma lei non mi salutò, non rispose nulla, rimanendo con la testa sotto le lenzuola. Quando tornai da Londra, entrai nella mia stanza e accesa la luce mi accorsi che mia madre aveva imbrattato le mura con la stessa scritta ovunque " Mia figlia è una sciagurata!". Piansi tutte le lacrime che avevo dentro, e con mia madre non ci fu mai un tempo per parlare fino in fondo, per ritrovare un po' di pace. Ed ora che sono mamma e una donna matura, vivo nelle mie giornate, attacchi di panico, attacchi di ansia, e non so mai come parlare a mia figlia, che credo mi odi. Ricordo che una volta avevo ormai 20 anni e stavo lavando una pentola. Mia madre si mise lì ad osservarmi e mi diceva che non ero e non sarei mai stata in grado di fare bene. Me la fece lavare quattro volte! E' morta da qualche anno e non ho potuto e poi non ho più voluto parlarle, cercare di trovare un dialogo. Non saprò mai perchè mia madre non mi volesse bene, e oggi continuo a sentirmi sbagliata, agli occhi degli altri. Mi ha ferita, per sempre il suo non-amore per me".

Dedicato a chi ha avuto la sua prima ferita d'amore, quando non poteva difendersi, lottare, capire. E ogni ferita d'amore ha il nome di un trauma. Un trauma che ti scava dentro producendo un perenne dubbio sull'autenticità dell'amore, del bene dell'altro.

Con la paura di soffrire ancora.

Dedicato a chi non si ama e non sa concedersi di essere amato, poiché quella ferita fu quasi mortale. Credo che la paura nelle relazioni e delle relazioni, nasca soprattutto perchè non sappiamo narrarci, o temiamo che la nostra storia possa spaventare l'altro.

Se lo spaventa non ti vuole bene, se resta è la persona giusta, è l'amico giusto, è il tuo angelo custode. Buona narrazione....

Diversamente io

"Molte persone continuano a dirmi che io non sento! Io invece sento! Sento tutto, proprio tutto! La mattina mi sveglio con mille confusi pensieri nella testa, e vorrei rompere ogni cosa! Vorrei scappare via, altrove, lontano, dove nessuno può riconoscermi. Sento ogni cosa che gli altri non dicono, sento quello che le persone sentono, soprattutto quelli cattivi con me! Sento il battito di una ciglia, sento il dolore, non solo il mio, il dolore del mondo! E mi fa male, perchè piangerei per tutto, per una piantina schiacciata da un piede, che a fatica è cresciuta sul marciapiede, sento il dolore del pianto di un bimbo e sentivo tutta la rabbia di mia madre quando facevo qualcosa di sbagliato e mi guardava disturbata, infastidita, come fossi un bambino sbagliato! E sento rabbia! Rabbia perchè nessuno cerca di capirmi, tutti cercano di fregarmi, e ho paura di cadere in un altro ennesimo dolore, perchè qualcuno mi ha fatto credere di volermi bene e invece...Non ci vado alle feste, non ci vado in palestra, non mi sento a mio agio, sto meglio da solo o con quei due miei amici che mi sono rimasti. Loro non mi fanno del male, loro giocano con me, e io sono felice con loro. Lo so che due amici soli, sono un po' pochi, ma adesso è tutto quello che ho, e me lo tengo stretto! Un domani forse avrò altri amici, forse, ma adesso sto bene cosi. Il mondo mi fa paura, e credo che se qualcosa ti fa paura non devi affrontarla da solo. Cosi ho pensato che i miei due amici saranno i miei cavalieri, mi proteggeranno, ci proteggeremo a vicenda, e potremmo proteggere e custodire chiunque si senta in difficoltà. Cosi pian piano, questo mondo potrà diventare un posto più bello e più ospitale, per chi porta un buco grande nel cuore, come me."

Dedicato a coloro che hanno sperimentato cosa vuol dire sentire l'esistenza addosso, percepire la propria diversità come un "ingombro", come essere sempre "fuori luogo".

Dedicato a chi della propria unicità ne ha fatto un capolavoro, di bene, di amore, di amicizia. Dedicato ai " senza pelle", alle loro giornate faticose, praticate con l'ansia sotto il braccio e i dubbi nel cuore. Dedicato a te che di quel malessere ne hai fatto una risorsa, quella capacità di aiutare gli altri, di essere cosi attento e disponibile. Solo chi soffre o ha sofferto sa capire bene gli altri.

Bello è...

Vorrei che le parole di questa mia lettera, fossero quasi un sussurro, per essere accolte da te con calma, e con il tempo che tu vorrai.

Bello è il sorriso donato gratuitamente, bello è ogni gesto che si compie per rendere libero un uomo da ogni tipo di schiavitù, fisica o psicologica. Bello è il tocco della tua mano sulla mia, bello è il tuo silenzio che si esprime liberamente davanti al mio cuore. Bella è quella sospensione di parole non dette, perchè sono cosi intense e intime che puoi consegnarle solo a chi può davvero custodirle e viverle senza possederle. Ma ricevendole come qualcosa di molto prezioso e tanto fragile. Bello è il nostro corpo, che ha i piedi piantati sulla terra ma è in verticale.

La nostra fragilità è bella. Bello è il sentire. Bello è il tempo che condivido con te, quando ti vedo, quando tu ti accosti al mio cuore e mi porti per mano sulla soglia del tuo. Bello è lo spazio di ogni nostro incontrarci, lo spazio di ogni mia attesa, prima di rincontrarti. Bello è tutto quello che mi doni, che mi racconti, che mi consegni nel sorriso o nel pianto. Cristalli fra le mie mani.....

La Tenerezza dei tuoi movimenti e dei tuoi sorrisi incerti ma caldi e accoglienti.

Dedicato a chi sa "sfiorare" ogni forma di bellezza che sussiste in questo mondo. A chi scorge i "dettagli", a chi si sofferma su una parola che vibra, mentre viene consegnata. Dedicato a chi sa distinguere la conoscenza dall'esperienza; a chi sa rischiare di perdersi in un sorriso, senza mai possederlo. Dedicato a chi si accorge, di quale rumore sono capaci, certe lacrime, quando toccano terra.

Amore

La legge dell'amore è che può essere accolto o no.
Poichè si ama e ci si lascia amare nella libertà.
L'amore è passione e dolore, perchè l'amore non ti
da alcuna sicurezza, ma ti da salvezza. Chi non ama
non sa guarirsi, chi non ama non sa comunicarsi.
Amare è imparare a entrare nella vita, che è fatica.
Amare è salvare una parte di te, perchè non è
l'amore che ottieni ma l'amore che sai dare che dice
tu chi sei al di là delle parole.

Abbandono

Chi ci abbandona, ci "dona via". Siamo banditi dalla sua vita, siamo stati considerati superficiali, non fondamentali. Siamo quelli che valgono poco, quindi, siamo abbandonati a noi stessi, come cani sulla strada. Non ci vuole molto per abbandonare qualcuno, qualcosa. Non siamo più "utili", necessari, importanti, come un tempo. Brucia dentro, umilia, fa venire la nausea, questa sensazione di sentirsi "scartati". Demoliti in pochi attimi, sgretolati in un recipiente pieno di parole che feriscono, che non lasciano scampo, alla tristezza, all'angoscia. Già, quel sentimento di perdita che sale verso la soglia del cuore e spacca a metà il portone. Per non parlare del respiro che viene a mancare, e quel dolore sul petto. Attacco di panico. E il rifiuto di ogni conforto, con il solo desiderio di sparire, perchè essere abbandonati è come morire, senza che nessuno se ne accorga o soffra per te. Vuoi solo dormire, dimenticare, dimenticarti di te. Ecco il Getsemani nel quale ogni speranza è vanificata dal vuoto, dall'assenza di volti amici,familiari, sei solo, sei sola.

Dedicato a chi dopo un abbandono, ha compreso che nessuno può limitare la nostra volontà di portare a compimento la nostra vita. Che ogni persona è fatta per dare e per ricevere creatività, cioè, gesti o parole che danno vita e che sanno riceverla. Dedicato a chi ha imparato con grosse lacrime, che bisogna saper saggiamente distinguere tra chi ti da la vita e chi invece te la toglie. Chi ti toglie la creatività. Quel desiderio di fare Vita con gli altri, ancora e sempre. Non sei solo, non sei sola. Se ti abbandonano, tu fatti accoglienza e bandisci chi ti ha scartato come fossi niente, e adesso puoi aiutare chi ha sofferto come te...si cominci con una carezza.

Ps Fammi sapere come và, come davvero stai, scrivimi se vuoi, ti ascolterò volentieri.

Frammento

Le persone che temono l'abbandono, finiscono per relazionarsi sempre con e nella paura, nei confronti degli altri.

Se non rispondi, se te ne vai senza aver avuto cura di parlarne, se mantieni il silenzio, provocherai in queste persone, ulteriore angoscia, per la paura dell'abbandono.

E la paura dell'abbandono, credo appartenga un po' a tutti.

Frammento

Non sempre i tuoi pensieri hanno ragione, soprattutto quando bloccano spesso il tuo agire.

E' importante che tu sappia dargli torto.

I sentimenti nascosti

A volte ti ritrovi a vivere dei sentimenti, da solo, e forse sarai deriso per questo, e forse sembreranno cosi banali...ma è un bene invece lasciare che tu te li viva ugualmente. E non piegarti mai all'orgoglio, al cinismo, all'indifferenza. Perchè amare è un po' come morire. E' una trasformazione profonda, ci cambia, ci fa crescere. Continua a viverti tutti i sentimenti e le emozioni che ti accadono lungo la via. Bisogna sempre custodire e difendere, ciò che è visibile solo al cuore, come c'insegna il Piccolo Principe... Devi difendere ciò che sei, qualcuno ti sta aspettando, per amarti proprio cosi, come sei.

Un senso diverso al S. Valentino
(sfumature del verbo amare)

A coloro che abbiamo amato, voluto bene.

A chi ci ha abbandonati, a chi abbiamo abbandonato.

A chi abbiamo fatto nevicare, a chi ci ha fatto piovere.

A coloro che non odiano più. A chi non ha mai rinnegato i propri sentimenti.

A chi ha sbagliato e non sa come tornare.

A chi ha fatto del male e si è perdonato, a chi attende un perdono.

A chi si sente solo, a chi ha paura di amare.

A chi vorrebbe essere diverso, ma ancora non ci riesce.

A chi vive bene anche senza di noi, e non è una colpa.

A chi ci ha fatto del male, ma non è un mostro.

A coloro che sanno sorridere, a chi ci guarda con tenerezza, a chi non se ne va, ma resta. A chi ragiona con i " forse" e i "nonostante".

A coloro che nel bene e nel male continueremo ad amare in un angolo del cuore, a coloro che nel bene o nel male, ci hanno resi, migliori.

Buon #Sanvalelapena#

Frammento

*Riguardo alle emozioni, ti dirò
che le persone che non sanno che
cosa stanno sentendo,
quasi sempre non sanno cosa
vogliono
e quasi sempre non sanno cosa
devono fare,
non sanno agire.*

A proposito di tristezza

La tristezza è il grido di una vita che è anche fragile e che ha il diritto di essere guarita, medicata, custodita. La tristezza è il sintomo di un dolore che non vuoi provare, ma che non puoi evitare. Impara a non usarla come pretesto, per restare fermo.

La tristezza è un sentiero che ti porta a cercare una cura, perchè la vita si ferisce e chiede attenzione, premura, vigilanza, affinché non sopraggiungano l'angoscia e la disperazione. Prova a restare in trincea anche se fa paura, prova a vedere come và a finire, se è vero che vuoi guarire. Cosi ti accorgerai che anche la tristezza ha le sue ore di sole, che anche nella tristezza c'è ancora un desiderio di guarigione, di amore.

La vita con le sue ombre, con le sue luci, con la sua contraddizione, spaventa, incalza, a volte ci supera. La vita sei tu! Il coraggio di vivertela fino in fondo. A proposito di tristezza...

Frammento

*Chi si sente solo ha la percezione
di non essere del tutto compreso
dagli altri,
di non essere capito.*

*Hai un gran bisogno di poterti
specchiare   negli   occhi   delle
persone che incontri e che ti
incontrano e   poterti percepire
"visibile", con tutto te stesso,
e con tutto ciò che sei.*

Non volare via

Guardo fuori dalla mia finestra e butta giù pioggia fuori e dentro di me, e sai che c'è? Non ho nessuna voglia di asciugarmi, nessuna voglia di pensarci, che poi se si spegnessero i lampioni della strada e un fulmine mi cadesse sulla testa, io potrei dimenticare quanto fa male amare..e farmi ancora del male mentre ti sto a guardare andare via da me, lungo la via semibuia, sotto la pioggia delle mie lacrime, nel temporale che si è scatenato dentro le nostre parole. Sgretolando ogni promessa, con la paura, sempre la stessa, che io e te non possiamo sopportarci per quanto ci amiamo e ci sappiamo odiare, e allontanarci e maledirci, senza mai perdonarci. E piove su questo nostro amore disordinato, imperfetto, incompreso. Tu te ne vai io resto, o tu resti dove devi e io andare via. E piango sotto questo cielo bendato, che ci ha voltato le spalle. E ti vedo alla fermata del tram che sei li che aspetti di andar via, e scendo e faccio le scale col cuore in gola e lo stomaco in esilio. Sono per strada e ti vengo a cercare, amore mio, costellazione dei miei tormenti e delle mie allegrie, tu che sai far brillare anche un giorno buio come questo, e corro sotto la pioggia che mimetizza le lacrime, e cadono queste lacrime sull'asfalto con le scarpe zuppe dentro le pozzanghere mi sembra ora di volare. E sono quasi da te, mentre arriva il tram e tu ti accingi a salire, no, non andartene, non volare via amore mio! E

corro e faccio in fretta, ti chiamo, urlo il tuo nome sotto un tuono assordante, e tu non lo senti. E il tram parte con il mio cuore nel pantano, ma intravvedo il tuo viso e finalmente dal finestrino ti accorgi di me e ti vedo alzarti e continuare a guardarmi, forse ci speravi che arrivassi, non so. E ci guardiamo, sotto la pioggia di un cielo forse sbendato, e vedo muoverti, forse scenderai. Ed io che avevo dimenticato di respirare ora apro la bocca per far entrare aria e prendo fiato e con questa pioggia ancora addosso, come pezzetti di vetro su di me. Io corro, corro verso di te: perdonami amore mio,
Tu non volare via.

Dedicato a chi ha saputo amare solo per...amare, nulla più. Dedicato a chi ora sta pensando " E' valso comunque tutto il mio amore". Ti auguro giorni di pioggia col sole.

Frammento

Amare è un atto creativo.
Richiede estro e genialità.
E non sono moltissime le persone
che hanno uno spirito tale da
comprendere che
gli esseri sono esseri particolari,
tutti.
E che non possono essere e non
devono essere dominati
né posseduti.
E l'attenzione è una delle più
preziose qualità dell'amore e del
bene.

E-state in me

La sabbia come pelle, e le stelle come perle, nella notte più splendente, con la musica, e le onde, questa estate in me. Notte col fuoco al centro e questi corpi personali, sdraiati come affacciati sull'universo, che se dovesse sparire, ora sarebbe proprio uno sballo! E-state in me, amici, com'è bello stare qui con tutti voi, sulla sabbia di una notte di san Lorenzo, con la voglia di dimenticare ogni dolore, di ritirarmi tra i vostri sorrisi, di lasciarmi andare a questo ritmo della sera che sembra notte e poi ancora sera. E la brezza che soffia leggera tra i capelli, che ti coccola e ti rinfresca dall'afa del giorno, tiriamo su le tende e accampiamoci sulle rive di questa notte infinita. Con i pensieri più liberi che si specchiano in quest'acqua di sale e di mare, tra le onde e questo terribile desiderio di dimenticare... a ridere e scherzare perchè a volte il mondo ti fa male, e allora stiamo qui a dirci che andrà tutto bene, ad abbracciarci intonando una canzone felice. E- state in me amici miei, voi la mia Itaca, casa, famiglia, conforto. Voi, il viaggio di ritorno, chi ti aspetta sulla riva, chi ti accoglie con un sorriso mentre abbraccia il tuo pianto. La mia baita quando in agosto mi nevica dentro, le voci che ti fanno sentire al sicuro, qui in questa notte senza alba, in questo lembo di terra ai confini del mondo. E vieni c'è posto, siediti accanto a me, si c'è posto anche per te, c'è sempre posto dai miei amici, quando il cuore comincia a silenziarsi...e state in me...

Dedicato a chi ha scelto di essere un amico, un'amica, per sempre, oltre il mare o al di qua del mare, oltre le ombre, oltre i limiti, oltre le ferite: un gratuitamente"Ti voglio bene!"

Frammento

Il corpo è come una cetra, uno strumento musicale che con i suoi gesti può comporre meravigliose melodie.

Credo che un abbraccio, per esempio sia una ragione ben accordata per compiere qualcosa che non avrà nulla di stonato.

Frammento

Ci sono poi coloro che accumulano tempo, eventi e situazioni, hai presente quelli che ti chiedono scusa dopo anni?
Sono gli "accumulatori", che non affrontano mai le cose in tempo reale.

E cosi nel mezzo accadono altre migliaia di cose, e mentre gli "accumulatori" stanno ancora elaborando "Cosa fare?",
e "Cosa dire?",
la vita incalza e cambia anche le carte in tavola e i sentimenti.
Ma loro non se ne accorgono, chiusi tra i loro misteriosi pensieri.
E poi quando si sentono pronti, secondo i loro tempi, li vedi apparire dal nulla, con i loro propositi atemporali. Magari convinti che gli altri stiano ancora sul pezzo...

Frammento

Odiare è da stupidi, giudicare è da insicuri.
Non puoi cambiare le persone.

Le relazioni sentimentali sono sintonizzazioni. La sintonia o c'è o non c'è. Altrimenti ci si fa del male, e si comincia a vedere ciò che si vuol vedere, ciò che serve vedere.

Non puoi cambiare l'idea dell'altro se non vuole farlo, ed è anche una sua libertà.

I tuoi sentimenti poi sono un tuo problema e non dell'altro. E se sono veri, di certo non verranno meno seppur nel dolore.

Non c'è coraggio più grande: ammettere a te stesso, senza giudicarti in alcun modo, di aver amato fino in fondo
e forse per sempre, in fondo, una sola persona.

Frammento

A volte non vuoi offendere
qualcuno, ma lo fai.
A volte lo vuoi fare e basta.

Si può riparare ad un gesto
ingiusto, ma non puoi forzare un
cuore ferito.

Devi saper attendere che il tempo
della sofferenza passi.

A domani!

Sospirando guardavo dalla finestra della cucina, la campagna, sotto il sole che si spegneva lentamente verso il tramonto, dietro le vigne assorte nel silenzio, come sospese tra intervalli di tempo, di respiri. Quel paesaggio toscano, con le sue ondulate colline, che si adagiavano discrete, una accanto all'altra, come fosse un quadro dipinto da Dio, era divenuto cosi familiare da quando mia madre decise di prendere un piccolo casale, in Italia, per poter vivere i suoi ultimi anni, come dice lei " Nell'armonia, e non c'è armonia migliore di un paesaggio come questo! Per addormentarsi per sempre". L'acqua bolliva, presi la sua tazza preferita, quella sulla quale a 7 anni dipinsi un arcobaleno. Ce l'aveva ancora! La mamma conserva tutto, soprattutto i ricordi. Lei è quella a cui facciamo riferimento se la nostra memoria vacilla, su eventi, nomi, persone del passato. Lei è la custode dei nostri ricordi, lei è la custode dei miei ricordi. Andai in veranda, mamma era lì, quasi tutto il giorno, tranne quando aveva voglia di scrivere, o di risposare. Seduta sulla sdraio, con un plaid sulle gambe, il viso sciupato ma sereno, e con la sua bandana preferita, azzurra con fiori rosa e blu, per coprire il capo rasato, a causa della chemio. Lo sguardo quasi perso verso l'orizzonte, un accenno di sorriso, poi si accorge di me

"Sei qui cara, vieni siediti accanto a me, sarai

stanca per il viaggio", la voce un po' fioca e fiato corto, ma il timbro dolce, accogliente. Una madre è sempre una madre, pensai. Pronta a fare sempre quel passo indietro, pur di non essere lei al centro dell'attenzione, e porgere il suo sguardo sul proprio figlio. Nonostante la malattia ormai avanzata, mia mamma si preoccupava se mangiavo, dormivo, se ero innamorata, com'era andato il viaggio e dulcis in fundo, aveva anche tutto il coraggio dell'amore che ti dice " Non è il caso che tu venga qui da Parigi cosi spesso, hai bisogno di riguardarti, e soprattutto devi stare dietro alla tua vita, alle tue relazioni", ed io puntualmente, sorridendo le rispondevo " Io voglio stare qui, con te, non vorrei essere altrove, sto bene qui con te, al resto ci penserò." E anche in quel momento mentre le portavo del tiglio caldo, lei mi fece lo stesso discorso ed io le risposi allo stesso modo. Era divenuto uno specie di rituale tra noi, tutte le volte che arrivavo in Toscana da lei. Quel rituale forse, era anche un modo per sorvolare su tante altre parole, che potevano essere più dolorose, più complicate. Era il nostro modo di salutarci, di entrare subito in un dialogo, quasi normale tra madre e figlia.

Non parlava mai della sua malattia, non me ne parlava mai, e quando chiedevo durante le nostre lunghe video chiamate, lei esordiva dicendo, "Bé i medici usano tanti paroloni, ma tuo padre potrà spiegarti meglio". Mi rimandava a mio padre, che un tempo chiamavo papi, fino a quando si innamorò di un'altra donna e decise di trasferirsi in Italia, essendo italiano. Quando mia madre si ammalò, lui veniva a trovarmi in Francia molto spesso, ma non ci parlavamo più di tanto da alcuni anni. Poi mamma, non so il perchè decise di trasferirsi anche lei in Italia, e da quel momento cominciai a vedere mio padre più spesso, e spesso restavamo a parlare della mamma, quando lei riposava, e mi accorsi che mi era mancato tanto. Li guardavo a volte, mio padre e mia madre, prendere il tè in veranda quell'estate, cosi sereni, cosi complici, parlavano per ore e poi sorridevano, e il papi ogni tanto le sistemava il plaid che puntualmente scivolava in terra. Oppure l'aiutava ad alzarsi e l'accompagnava in bagno, e mentre attendeva fuori dalla porta, l'ho visto spesso, asciugarsi gli occhi rapidamente, prima che la mamma ricomparisse sulla soglia. Ora mi sembravano proprio il papà e la mamma che mi avevano cresciuta. C'era serenità mista a dolore, in quella casa di campagna che era diventata la "nostra casa", da un paio di anni quasi.

Mentre sorseggiava il suo tiglio, mamma si voltò e mi chiese " Sei felice Samy?". Mi chiamava cosi tutte le volte che voleva dirmi una cosa seria, importante, o quando da piccola piangevo perchè mi ero ferita, o dopo un brutto sogno, e venivo nel lettone per essere confortata. "Mamma sono felice di essere qui, in questo momento della mia vita, è la mia felicità, poter venire ogni 15 giorni e stare su questa veranda o davanti al camino, con te", e poi le sorrisi dolcemente e le presi la mano, e sentii che era fredda, e fragile. Mia madre mi guardò con quei suoi occhi verdi come il mare in settembre, grandi, profondi, e io volevo sprofondare dentro quegli occhi e non uscirne mai più da lì! Da quella intimità che avverti mentre tua madre sta morendo, come se volessi rientrare nel suo grembo e non lasciarla mai più. "Samy cara, lo so che sei felice qui con me, e anche io sono cosi felice di stare con te, credimi, ma sono preoccupata per te, per come ti vedo, perchè io TI vedo!", e strinse la mia mano tra le sue, una stretta che avrebbe voluta essere più forte, se i farmaci e la malattia glielo avessero permesso. Rimasi in silenzio e vidi i suoi occhi incupirsi, la fronte corrugarsi, e quasi sussurrando e provando a non piangere le risposi "Io non voglio che tu te ne vada! Devi combattere! Non devi mollare! Ho sempre tanta ansia quando sono lontana, ho paura che tu, che tu, tu te ne vada senza salutarmi, e io questo non lo sopporterei mamma, non potrei sopportare tutto questo, senza salutarti, starti accanto tutto il tempo necessario!". Mia madre mi sorrise, con gli occhi che cominciarono a lacrimare, e con uno sguardo che sentivo solo per me in quel momento, come se tutto il resto del mondo non le importasse nulla, forse neanche morire, lei con quello sguardo mite, mentre mi accarezzava la frangetta sulla fronte, era lì occhi negli occhi, e quel silenzio era tutto per me, era tutto per noi, per dirmi cose fantastiche, cose meravigliose che sentivo sgorgare dal suo cuore, cose che non potevano tradursi, se non in quello sguardo, in quelle lacrime, in quel contatto profondo, in quella risonanza di amore, in quella energia dei mondi sottili, dei sentimenti profondi. Ci abbracciammo, nel silenzio del tramonto, quando il cielo e la terra finalmente si incontrano e le nostre anime sembravano danzare nel grembo della sera, nel senza tempo, io e te mami!

Mi chiedo cosa sia il dolore; all'inizio gli altri, amici, parenti, conoscenti, chiedono, telefonano, cercano parole balbettanti di conforto, o modi di dire, poi quel dolore diventa poco sopportabile, soprattutto a quegli altri. Le telefonate diminuiscono, ogni tanto un messaggio, la vita, quella degli altri, va avanti, e ci si dimentica o si fa finta di dimenticarsi del dolore altrui, della disgrazia altrui, cosi impotenti, gli altri, dopotutto. Avevo accettato la separazione dei miei con gran fatica, poi compresi di avere come genitori due persone intelligenti, piuttosto che creare un inferno in casa, hanno avuto il coraggio di accettare che il loro amore non poteva continuare cosi. E difatti, il loro reciproco bene e la stima reciproca, restarono intatti, fino alla fine dei loro giorni. Mi insegnarono in quegli ultimi anni della malattia di mami, cosa fosse avere il coraggio di guardare in faccia al dolore. Cosa fosse, conviverci, e quanti momenti di sole, la stessa tristezza ti riserva. Cominciai ben presto ad accettare la sfida, ad accogliere quello che la vita stava dando a me e alla mia mamma e al mio papà. E nel tempo, ognuno di noi imparò a portare il suo personale peso specifico di dolore, di fatica. Questo senso di responsabilità amorevole, ci rese più forti, più vicini, senza mai lamentarci, neanche con gli amici, perchè non c'è cosa più tua, del dolore. Trascorrevo le mie giornate lavorando e studiando, alla sera qualche volta uscivo con amici. Gli amici veri non tentano di cambiarti, ma cercano di capirti. E accettano di tenerti stretto mentre senti che sei in caduta libera verso un precipizio dagli effetti collaterali sconosciuti, cosi come accadde a me, durante quel tempo imprevisto della mia esistenza.

"Quando vieni allora?", disse Stefy, "Non so forse tra un paio d'ore, sto finendo un articolo e poi faccio la valigia, che è quasi pronta", "Ok cosa preferisci per cena? Pizza?", "Si pizza va bene!". Arrivai a casa di Stefy con un'ora di ritardo, lei aprì sorridendomi, e mi abbracciò, pensai che non poteva esserci al mondo una persona più speciale di lei. Mi sentii perdonata all'istante. Non mi chiese nulla sul mio ritardo. A volte chi evita di fare domande, dice tanto di quella persona. E mi abbracciò.

Un rifugio momentaneo che ti custodisce dalla paura dell'abbandono, che ti ospita dentro un sincero e gratuito bene. Perchè sapevo quell'abbraccio voleva dirmi "Sei troppo importante per me e il mondo non è lo stesso mondo per me, se non ci sei".

Tornata in Italia, mi perdevo nell'abbraccio di mami quando comparivo sulla veranda e mi chinavo accanto alla sua poltroncina e lei mi sorrideva come il sole d'estate al mattino! Domande rituali sul viaggio, se mangio, se sono felice, se sono stanca, sul lavoro, sugli amici, sul tempo a Parigi e poi preparazione della tisana mia preferita! Qualche momento di silenzio per sorseggiare con calma il gusto della tisana alla vaniglia e curcuma, poi la guardavo mentre lei sorseggiava la sua, guardavo il volto di mia madre e tentavo di scorgere, se vi fossero cambiamenti, guardavo i lineamenti del suo viso un po' scavato, ma che restava gentile nelle sue espressioni, e la guardavo come per imprimere ogni piccola sfumatura, nella mente, nel cuore in qualunque posto o cassetto dentro di me. Non volevo dimenticare nulla di quei momenti, cosi quando non se ne accorgeva, il che accadeva raramente, le scattavo qualche foto, e alla sera, nel silenzio della notte, le riguardavo, e sentivo nel mio cuore che restava una fatica inestimabile, quella di accettare l'impotenza di fronte ad una persona a te cara che se ne sta andando e tu non puoi farci proprio nulla. E ogni notte passavo nella sua camera per guardarla dormire, mi mettevo un po' accanto a lei e la guardavo, contemplando per ore i suoi occhi morbidamente chiusi, il suo corpo riposare, e la accarezzavo silenziosamente, sfiorandola quasi, per non svegliarla. Le parlavo sussurrandole tutto il mio amore, che nulla a questo mondo avrebbe potuto separarci. Poi una notte all"improvviso mami si sveglia, mi guarda, sorride, e mi dice con voce fioca " A domani Samy" e mi bacia sulla fronte. Sentivo il cuore che mi si spaccava dentro e nel petto non vi era più respiro. Eppure provai un attimo di gioia in quel suo saluto, e le risposi " A domani!".

Quella notte mia madre se ne andò, volle salutarmi a suo modo, " A domani! Al tuo domani, Samy!" Il mio domani è parte di te, mamma!

Dedicato a chi ha incontrato il mistero di un dolore che avrà per sempre un nome. E che ha saputo celebrare quella perdita, divenendo una persona migliore, perchè il dolore o lo usi per divenire migliore di quanto sei ora, o gli concederai di mangiarti i tuoi giorni migliori, le tue migliori risorse. Poichè non c'è crescita a poco prezzo. E spesso chi ti aiuta davvero a crescere, genitore o non, o ha pianto per te, oppure ha donato un tempo della sua vita, per te.

Il dolore

Abbiamo paura della perdita, e per evitare la perdita, perdiamo fin dall'inizio. Abbiamo paura del dolore, e per evitarlo, continuiamo a soffrire costantemente.

Il dolore questo estraneo che ti entra in casa dalla finestra, senza chiederti il permesso e si insinua dentro l'anima e affligge i giorni e le notti, che sembrano più lunghe.

Il dolore questo tratto della vita che ci attraversa, che arriva all'improvviso o già annunciato, dentro i nostri giorni che tentiamo di rendere migliori, solari.

Il dolore che dicono sia maestro di vita, che funge da profeta, da mentore, mentre noi, nelle nostre stagione di resistenza e resa, cerchiamo di ammortizzare le ferite, di andare avanti e a volte di ricominciare. Cos'è il dolore? Il dolore è vita, il dolore è ordinariamente vita, è la vita che vuole guarire, sempre e comunque. La sofferenza è vita che chiede cura, accortezza, perchè la vita è fragile e va vissuta con attenzione e vigilanza, con amore, con fluidità.

Nel momento del dolore valgono coloro che si sono presi cura di te. Chi ti aspettava alla sera per parlare un po'. Chi aveva premura di farti mangiare. Chi ti stava accanto senza chiederti nulla, con un sorriso e una carezza. Quelli che dopo il dolore, finita la crisi, non si dileguano, ma restano, perchè ti hanno conosciuto nel dolore. E solo nel dolore una persona è se stessa. Sofferenza non è il non senso, poiché il dolore richiede parole buone, gesti accorti, azioni elaborate. Il dolore richiama ad un agire responsabile che rispetta la sofferenza propria e altrui, e che cerca in essa futuro, il domani. E dopo il dolore il domani è sempre diverso. Con bagliori che sono nati dall'incontro tra le lacrime e le luci dell'aurora. Il domani post dolore è rinascere a nuova vita, con il cuore ancora indolenzito. Il futuro che ha il sapore dell'erba fresca, l'atmosfera delle notti di luna piena, il cuore che ritorrna a battere nel respiro della vita, e anche se ci fosse un vuoto dentro di te, la vita stessa non può non continuare ad essere che fiato e fato. Lo scopo del dolore è sempre quello di darci una destinazione, perchè esiste la strada del dolore quanto quella della gioia. E queste strade si incrociano durante il viaggio di tutta un'esistenza.

Quando soffri non sta accadendo nulla di straordinario, è la tua vita che ti sta chiedendo che è ora di guarire da qualcosa, che è ora di prenderti cura di te. Il dolore poi passerà, e tu sarai capace di attraversare nuovi confini esistenziali, con una coscienza risvegliata e rinnovata. Nella nostra valigia il dolore è uno strumento necessario, l'unico che ci fa crescere e che ci rende personaggi e non spettatori, presenza e non mancanza, fortezza e non viltà. Abbi cura, sempre, del tuo dolore.

Frammento

*Siamo come dei marinai che
imparano a navigare nell'oceano
della vita, ad attraversare tempeste a
varcare nuove soglie,*

*chiamati a superare i giorni di mare
per far sì che qualcosa ci venga
incontro e ci possa cambiare per
sempre.*

*Senza più paura di cambiare anche
rotta e di esplorare nuovi banchi.*

*Il dolore è il segnale, spesso, che la vita ti manda,
quando decide di voler guarire.*

Capitolo Terzo

Auto-guarigione

Saper guardare alle nostre ferite, saperle mostrare a qualcuno, permettersi di guarirle, permettersi di guarire. Questo è Il Gesto più importante che dobbiamo alla nostra vita, alla nostra storia, per abitare più sereni dentro alla nostra pelle.

Frammento

Ciò che risulta più difficile:
Fidarsi degli altri
Scegliere
Scegliere di farlo adesso

“Non devi mollare!”, “Ce la puoi fare, non arrenderti!”,

“Non lamentarti, c'è chi sta peggio”.

“ Pensa a chi ti vuole bene, pensa ai tuoi cari”,

“Non arrenderti!”, “Fallo per te stesso!”,

“ Devi trovare la forza!”,

“ E' solo una questione di volontà”,

“Non ci sono soluzioni, devi volerlo tu!”,

“Finché c'è vita c'è speranza!”,

“ Trova il coraggio dentro di te!”,

“Sei tu che non lo vuoi!”,

“ Allora sforzati di più, e non prendertela con il mondo!”

“Tutto sta nel volerlo”,

“Coraggio!”,

“Dipende tutto da te”, “

Quante volte ti è capitato di ascoltare queste frasi? Quante volte erano per te, o quante ne hai dette per qualcuno?

E' arrivato forse il momento di smontarle tutte, che ne pensi? Pezzo per pezzo! E farle saltare in aria! Boom!! Sii!

E scriverne di nuove, parole che risuonano cosi indecentemente opposte!

Tipo... “Io voglio arrendermi!”,

“Penso che quel mondo lì fuori mi abbia fottuto il cervello e il cuore!”, “Non sono forte!! Avete capito? Non sono forte io!!”,

" Ho paura!! Ho una fottuta paura!!",

" Non riesco a farlo!, lo vorrei, non sapete quanto io lo vorrei, ma distruggo, tutto! Tutto!",

" Ho solo desiderio di scomparire, di rendermi invisibile, per sempre!" " Non ti ho mica detto di aiutarmi!",

"Se mi lasciate un po' da solo, lo gradirei tantissimo!", " No, non cambierà niente, e io sarò lo stesso anche domani"...

Il coraggio di poter dire e dirsi, che invece, le cose sono diverse, che per un po' magari, ma sono diverse. Poi, magari, la vita che vuole solo vivere, troverà un modo, ma adesso, potremmo dire ciò che ci attraversa l'anima, senza filtri, senza giudizio, senza pudore, scandalizzando i ben pensanti, gli ottimisti di turno, i guru che sorridono, i puri di cuore, gli amici di sempre, o quelli improvvisatisi amici.

E cosi poter raccogliere nelle flebili mani, quel dolore, quell'angoscia, quella malattia, quell'abbandono, e poter arrendersi nel per sempre di un attimo, di un giorno, di quel che servirà. Senza che qualcuno venga a dirci la buona novella, il proverbio di turno, la frase ad effetto. Desiderare poter chiudere per un po' quel sipario, e poter dire, non sono in scena oggi!

Oggi sarà in scena la sofferenza necessaria! La sofferenza che mi serve per non fare attrito con questa vita che scivola e attraversa le contraddizioni che mi porto dentro.

In questo mondo che è un palcoscenico, non reggo più la scena, e il copione non mi corrisponde più. E che nessuno si senta in obbligo di affacciarsi alla mia vita, tentando di "aggiustarmi", o peggio di "aggiustare" la mia situazione. Poter esporre un cartello fuori alla porta con su scritto

" Non è benvenuto chi ritiene di aggiustarmi, ma chi mi starà accanto accogliendomi cosi come sono, ora, qui, cosi, proprio cosi come sto, dentro e fuori, cosi, come sono ora, qui, in questa Ora della mia vita".

Dedicato a tutti coloro che, prima di lottare sul serio, hanno accettato l'inciampo, la fragilità, la caduta, il fallimento. Se ne sono assunti la responsabilità ed hanno saputo coltivare l'arte della compassione, e costruire una pace profonda con il proprio Sé.

Non ho mai visto persone più serene e più coraggiose. Il loro nuovo nome è i "diventanti"!

Frammento

*Cerca di conoscere sempre meglio
te stesso.
Conosci bene i tuoi tempi, le tue
idee.
Cosi da restare ben saldo
di fronte alle chiacchiere inutili e
alle diagnosi degli altri,
su di te e sulla tua vita.*

Mal di vivere

"Abbandono ogni cosa che amo, e ogni cosa che amo, alla fine mi abbandona. Non so tenere nulla tra queste mani che scivolano tra le pieghe dei miei ansiosi giorni, perchè io non so stare, non so andare, so far scappare e so morire cosi di minuto in minuto, in questa stanza del mio terrore, del mio dolore. Di questa paura costante. Chi potrà mai capire..cosa darei perchè gli altri riuscissero ad ascoltare i gemiti della solitudine che c'è in me..della paura che sancisce la fine di ogni palpito di vita, ogni volta che mi accosto ad una persona.

Ora sento solo il silenzio degli abbandoni che creo, e mi ritrovo a sospirare come un condannato a morte, per il male che faccio alle persone, e sono qui con tutta la mia fragile anima ad attendere che tutto faccia silenzio per davvero, dentro di me. Lo so di essere una persona cattiva, allontano tutto e tutti, creo le distanze, prima che le distanze si creino attorno a me, non appena scoprono chi sono davvero e di cosa sono capace. Ho paura delle relazioni, non so mai cosa devo fare o non fare, e nel frattempo gli altri se ne vanno, mi criticano, cambiano idea su di me. Qualcuno riesce a comprendermi un po' di più, ma faccio del male anche a costoro. Vorrei essere un'altra persona, capace di amare, capace di vivere bene con me stesso, in questa ruvida pelle, con questi ruvidi pensieri, con questo dannato veleno nel cuore.

Cosi alla fine sto da solo e vorrei solo sparire e dimenticarmi!"

Dedicato a coloro che hanno in sé il disagio della vita, a coloro che sanno cos'è il mal di vivere, la ferita d'amore profonda che si portano dentro.

Dedicato a chi sta provando a costruire giorni più sereni, albe che li incroci nel sonno e non più nella veglia.

Dedicato infine a coloro che ho avuto il privilegio di accompagnare per un tratto di strada e che ho visto ri-crearsi lungo il cammino, con la consapevolezza che è guarigione anche imparare a convivere con qualche paura o fantasma, restando aggrappati alla vita come esperti marinai, nel mare del divenire.

Grazie per tutto ciò che mi avete insegnato e condiviso.

Chi sono io?

"Chi sono io? Lo sanno gli altri. Quali altri? Non, tutti, gli altri. Ci sono altri e Altri. Gli altri sono quelli a cui un tempo ho dato tanta importanza. Erano quelli a cui volevo somigliare di più, copiare, essere simile, brava quasi quanto..quegli altri. Per stare al loro passo salivo anche io sulla scena, sul palcoscenico del mondo delle immagini, il mondo dell'Io! Sali sulla scena e ti prendi i tuoi followers, i tuoi applausi, e non importa se hai una misera o patetica vita, l'importante è che qualcuno ti veda, sulla piazza delle piazze, anche tu! E se hai un corpo che non ti piace ti trasformi il viso, il viso poi è importante! Tutto diventa bello, tu diventi bella, quella bellezza che si mostra che si espone su un video come fosse cibo, cibo che gli altri mangiano, e ti mangiano con gli occhi dello spettatore, ed hanno fame e ancora fame di spettacolo! Perchè ho bisogno che qualcuno mi veda, si accorga di me. Ma ho anche bisogno di protezione, di sapere cosa fare, di sapere cosa è giusto pensare...di me. E mi sento cosi sola e smarrita in questa mercificazione di un'immagine di me alla mercè di tutti. Nella confusione di parole e immagini che arrivano da ogni parte e impartiscono regole del gioco, ed io mi sento spesso al centro di quella piazza a dare spettacolo di qualcosa che non sono...me. Chi sono io? Puoi aiutarmi a scoprirlo?"

Lei è diremo, Sandra, che a 17 anni ha intrapreso

il suo percorso di conoscenza di sé. Oggi, diremo Sandra, è laureata in Scienze dell'educazione, svolge il suo tirocinio presso una struttura per bambini con problemi di vario genere. Sandra ora sa chi è: una persona che vive appieno la sua vita e le piace stare dentro la sua pelle; le sue insufficienze sono un "passepartout" per capire meglio i suoi bimbi e approcciarsi a loro con empatia. Le nostre insufficienze sono strumenti fondamentali quando vogliamo aiutare gli altri: come potremmo comprendere, altrimenti, come si sentono in questo mondo?

Per avere una vita significativa non ci vuole chissà quanto tempo. Avrai tutto il tempo utile per lavorarci sopra.

Gli ingredienti sono : Le emozioni, i valori, stile di vita.

Per capire cosa vuoi, devi pur innamorarti di questa vita, deve pur esserci qualcosa che pensi possa piacerti, entusiasmarti, appassionarti. Essere coinvolti significa dare spazio alle tue emozioni, che sono il "lifepass" per tutto quello che ti serve per cambiare ciò che non ti piace o che rallenta o blocca le tue energie.

Il potere del perdono

"La rabbia, questo rancore che mi porto dentro, hanno scavato cosi in fondo a me che non so più come estirparlo. Mi sono reso conto che il desiderio di vendetta mi ha tenuto vincolato all'altro, al mio passato, dando un potere estremo a tutto ciò. Un potere che sta gestendo da anni il mio umore, la mia capacità di essere felice, la capacità di procurarmi un futuro diverso. Sto dando un potere grande a chi mi ha ferito quasi mortalmente, un potere di decisione, sul mio stato d'animo sul mio benessere, sul mio star male. Mi sento una vittima, ho fatto la vittima, mi presento come vittima! E se ti senti vittima, ti percepisci debole, perchè vittimizzato da qualcuno. E la domanda a questo punto è : devo continuare a sentirmi una vittima o voglio riprendermi la mia vita? Ho delegato per troppo tempo agli altri il compito, la responsabilità di rendermi felice, credendo che sono gli altri a rendermi felice davvero. Ma non è cosi. La verità è che nella vita accade di tutto e che ogni cosa che accade va vissuta come un'opportunità di crescita, niente di più, qualcosa che mi insegni a non commettere gli stessi errori, si cresce errore dopo errore, questa è la verità! E per fare questo devo saper perdonare me innanzitutto, perdonare quella parte di me che si sente in colpa, che si sente impotente che ritiene di aver deluso tutti, continuando a piangermi addosso, a consegnare solo e soltanto il mio vittimismo.

Voglio imparare a percepirmi in un modo diverso, e a percepire tutte le mie ferite in un modo diverso. Ciò non cambierà il male ricevuto, non grazierà l'altro, non mi farà dimenticare, ne sono consapevole, non è questo il perdono. Ma cambiare me nel modo in cui lo accetterò, in cui accetterò finalmente ciò che è accaduto, per trasformarlo in un percorso di guarigione, di liberazione, perchè l'odio e il rancore mi vincolano, mi gestiscono, mi schiavizzano!"

Dedicato a chi ha cominciato un percorso sul perdono, a chi si è perdonato, a coloro che stanno tentando di perdonare un male, una ferita, molto profondi.

Dedicato a chi ha capito che non esiste un perdono veloce, a poco prezzo, quel tipo di "perdono" è solo di testa, è mentale. Perdonare non è dimenticare, né condonare, né giustificare, né un modo di pensare che l'altro possa cambiare. Il vero perdono è un percorso, richiede tempo e profonde rielaborazioni emotive, dell'evento trauma. Senza fare sconti con nessuna emozione, che sia rabbia, odio, dolore, desiderio di vendetta. Denunciando ogni cosa, accusando anche il mondo intero. Fino a giungere ad una fase di accoglienza degli eventi come qualcosa che accetti con gratitudine, perchè ti hanno permesso di crescere e di divenire una persona ancora migliore.

Il perdono è utile a migliorare la qualità della vita, a potenziare le capacità di resilienza e di adattamento ed è utile per un benessere psichico e fisico.

Chi si sente vittima sappia che non è un'identità. E che mantenere questo ruolo ti farà solo perdere tempo, e ti distrarrà dal cercare il significato profondo di ciò che ti è accaduto. E quale messaggio ci sia, per te e per la tua vita.

Difendi chi sei

Come non accorgersi del dolore di certe anime, così giovani, così disagiate, in un mondo complicato, competitivo, autoritario, con copioni trascritti spesso a distanza digitale. Quella distanza che non può capire...perchè distante. Il disagio: quel sentimento di tristezza e angoscia insieme, dagli incerti effetti collaterali. Si fa finta di stare bene, e vivi il tuo piccolo ruolo, per non perderti del tutto nell'oblio di giorni che appaiono sempre uguali. E cerchi di restare a galla, per non essere del tutto espropriati dal resto del mondo, già: ma il mondo è tutto qui? No il mondo sei tu! Tutto il mondo che cerchi è li, dentro di te! Devi solo trovare il coraggio e poi il gusto di essere Te, fino i fondo! Perchè anche il grigio può assumere i colori che vuoi. Anche il grigio, nel tempo può essere azzurro, poi rosa, poi verde, poi giallo, e magari anche rosso, talvolta arcobaleno, i colori del tuo sentire, il colore del tuo modo di narrarti, a te al resto del mondo. La musica che ti piace, le storie che ti appassionano, le cose che ti piace fare, anche quando sei da solo, sei da sola. Quell'idea che ti frulla nella testa e che puntualmente scarti, ma che poi ritorna, perchè dice del tuo desiderio di andare finalmente verso di te, per scoprire cosa c'è di Oltre di te!! Quella spinta che senti dall'anima e che grida " Tu non ti arrendere, mai!". Perchè vai bene come sei, vai bene così, con tutto l'amore che hai, la voglia di spaccare, di dare una svolta, di ricominciare a sperarci in quella faccia, che è la tua e di nessun altro!

E all'inizio ti sembrerà di combattere a mani nude, contro tutte le forze dell'universo, ma scoprirai che niente è più affascinante di capire chi sei e chi vuoi essere, a tutti i costi ! E troverai il coraggio di amarti, di capirti, e scoprirai la passione in ciò che fai! E sarai cosi appassionato da non concedere spazi di frustrazione agli imprevisti, agli errori: fanno parte del gioco! Nessun desiderio incontra il favore delle stelle! Nessun progetto è tale se non ci sbatti un po' il muso! E' passione quella che ti serve per crederci e convincere di te! Non abbandonarti mai più! Resta a vedere come và a finire, come la storia può cambiare, in te e fuori di te in questa stanza del divenire! Non ci sono più copioni a cui obbedire; accetta che non si può piacere a tutti, ma anche che non tutti sono i nemici. Sii te stesso, sii te stessa! Non devi compiacere a nessuno, non assecondare, non piegarti. Resta in piedi e non tradire te stesso, te stessa, sarebbe un prezzo troppo alto da pagare. Se tradisci te, finisci per vivere la vita di un altro, non quella che dovrebbe essere la tua, meravigliosa vita.

Dedicato agli adolescenti, ai giovani che si affacciano alla vita, al mondo, questo mondo del quale ereditano i limiti e le "malattie", senza colpe. E provano ad avere il coraggio di cambiarlo, di renderlo più bello di come lo hanno trovato.

Dedicato a chi lascia tracce, parole, gesti accorti, segni, gioia, amore, amicizia. Tracce indelebili di una vita migliore, dai tratti cosi personali e cosi universali.

Grazie per tutto quello che donerai di te su questo pianeta. Io? Io mi fido di te! Io: mi affido a te!

Le preoccupazioni

Ogni giorno si sa, ha le sue inquietudini, le sue preoccupazioni. Le quali, in quanto tali, peseranno sui nostri nervi e sulla nostra resa quotidiana. Per questo è importante dosare la nostra capacità di trovare un certo equilibrio, dopo ogni sforzo e non permettere che l'incalzare della vita si porti via le nostre migliori risorse e la nostra forza creatrice. L'impegno sarà quello di trafficare le nostre giornate secondo le forze disponibili, nessuno ci chiede di aggiustare il mondo, ora! Altrimenti rischieremmo di capitolare subito e di implodere quando meno ce lo aspettiamo. La serenità interiore è una forma di pensiero, come la rabbia: è strettamente legata al nostro modo di pensare.

Essere sereni è una disciplina che integra cuore, corpo, mente, psiche. Perchè tutte le volte che vuoi fare qualcosa di bene per te, ci vuole impegno, perchè tu per te sei una cosa seria. Ma tu: lo sai? Ci credi?

Andare via

Rivestita di ogni sua decisione, si diresse verso il portone e apertosi, lei uscì. Nessun rimorso, nessun pensiero diverso, solo il desiderio di allontanarsi da li da quel luogo che da troppo tempo l'aveva tenuta legata. Quanti vincoli costringono una vita ad essere sempre remissiva, prostrata, quanti legacci ai sentimenti, alle emozioni. Come animali in gabbia resi isole abbandonate a noi stessi, con sensi di colpa e lo sconforto perenne di chi non sa da dove viene tutta quell'angoscia cosi profonda. Lei, andava con il suo passo ancora incerto, con il sostegno precario delle sue gambe livide, tra le vie di una città che le era cosi straniera, eppur la sola patria che aveva. Scese affannosamente le scale di un piccolo vicolo come fosse inseguita, la prudenza è necessaria. E d'un tratto svoltando, si accorse di quanto fosse bella la libertà! Alzò lo sguardo e vide il cielo maestoso, luminoso, il sole caldo sulla sua pelle cosi bianca....era viva! Viva! I volti dei passanti cominciarono ad esserle cosi familiari, un mondo di volti anonimi, mai cosi familiari! Capita, nella vita di fuggire da chi crediamo possa amarci, ma ci avvelena l'anima di bugie e ci incatena, e stordisce la volontà, inibisce le parole. C'è una gabbia che si chiama "paura". E con la paura ci fai poco, sei solo vittima di un'altra volontà, sei schiacciata dalla forza dei suoi muscoli, rivoltata dagli schiaffi sul viso, dai pugni nello stomaco. Fino a usurpare il corpo, a renderlo oggetto da maltrattare. E capita, di trovare in un volto sconosciuto, un rifugio temporaneo, un po' di respiro, una piccola luce nella tempesta. Nel buio di un percorso cosi difficile. Capita di trovare un po' di dolcezza, di tenerezza, di riposo e di ascolto. Il tempo si fermò come d'incanto, come nelle fiabe dei bambini, come nelle storie di fate e di maghi, quando il mago cattivo viene soppresso dalla luce del mattino. Tutto il tempo di questo mondo, rapito da un attimo infinito per dire addio, per dire ciao, per dire "Io ce la farò". Tutto il tempo di questo mondo per amare tutto ciò che non si ha mai amato perchè mai conosciuto. Il tempo per fermarsi finalmente in un angolo dell'anima e cercare le chiavi dei sogni, delle speranze, tra le stanze illuminate da una nuova parola " Stupore". Stupore e meraviglia, dopo tanto patire, perchè la vita a volte è anche questo: uno spettacolo drammatico che riserba in sé anche l'inatteso, l'imprevisto, l'irregolarità di un evento che rende d'improvviso una giornata uggiosa la più bella della tua esistenza. Perchè la bellezza della vita si può celare svoltando l'angolo da una certa sofferenza. Dentro l'alba di un giorno che pensavi uguale al precedente o ai tanti precedenti e invece, ecco una nuova via! Correva, adesso, felice, non le sembrava di avere più tanta paura. Assaporava i suoni di quella città. Poi ecco arrivata alla fermata degli autobus, mentre cercava di leggere gli orari delle corse, avvertì il suono di una musica, ascoltò come incantata, era melodioso, era antico e nuovo, veniva da una finestra di una casa, musica dolce, qualcuno suonava al piano. Si lasciò andare a quella melodia cosi struggente. Sorrise, dopo tante stagioni, sorrise senza esitazione. Si sedette come senza forze sotto la pensilina. Sospeso il pensiero chiuse gli occhi e accarezzandosi il viso sentì il suo respiro e una lacrima scese, scese senza indugio, lungo quel viso che levigato dalla sofferenza, rese il percorso di quella lacrima non semplice, quelle lacrime che sui volti sofferti, fanno fatica a scomparire subito. Restano un po' a fare compagnia, quando nessuno vuol restare con noi. Una lacrima resta a farci compagnia. Elena, era il suo nome, coraggiosa donna che abbandonò il luogo delle sue torture, per separarsi dal suo dolore e cominciare a vivere la sua vita con la dignità che la vita e le esperienze le conferivano, dopo anni di sofferenza, patimenti, attese, in un luogo disumano, irreale, bianco e sporco nello stesso tempo.

La violenza sulle donne è una conseguenza di biografie maschili, mal educate, cresciute in contesti non umani, aggressivi, senza cogliere la differenza tra gesti leciti e illeciti, nei riguardi di una donna, nei riguardi di chi è più fragile in genere.

Verso casa

Le cose accadono, ma accadono dentro, e tra il dentro e il fuori c'è l'infinito me. Quella terra di mezzo chiamato "essere umano", tra téchne e mito, ha sempre e solo bisogno di trovare se stesso, di aderire al cambiamento, alla guarigione, alla trasformazione. L'Uomo è al crocevia ed è il crocevia di molte dimensioni che gli appartengono, e come ogni crocevia, deve pur fare le sue scelte di orientamento. E i crocevia li incontri lungo il cammino. Ecco perché, " mettersi in viaggio", è terapeutico, poiché ti porta lontano da "ieri", per condurti a costruire qualcosa di nuovo, dal vecchio. Dove la nostalgia di futuro possa aiutare l'anima a germogliare una vita ri-fiorita. E come Dante affrontare la nostra "selva oscura", o l'oltre della siepe, o la nostra zona di comfort.

Ognuno arriverà alla sua "Delfi". E giungere alla tua Delfi, significherà che non sarai più la stessa persona oltrepassata la porta dell'Oracolo. E sarà straordinario poter narrare il proprio sogno di guarigione, divenuto realtà, divenuto, autentica guarigione. Si viaggia per tornare. Per cambiare è necessario andare oltre, trascendere, oltrepassare, attraversarsi, ri-crearsi, ri-generarsi. La sofferenza come l'amore, sono due realtà profondamente misteriose. Dobbiamo imparare a viaggiare, a lasciarci portare lì dove ci condurranno queste due potenti emozioni dell'anima. Poiché ogni mancanza d'amore o di sofferenza, conduce ad un cercare, ad un viaggio, soprattutto interiore. E Psiche ce lo insegna, nella sua ricerca di Eros, e cosi le struggenti pagine del Cantico dei Cantici.

Perchè siamo fatti per ri-cominciare, da un nuovo "grembo", che ci origini nuovamente alla vita, che ci riporti a casa, a noi stessi. Al progetto originario che ognuno di noi è, qui ora in questo istante, su questa "terra di Delfi". In viaggio, con le nostre paure, e con lo sguardo, soprattutto, sulla mancanza, perchè solo le mancanze ci fanno scoprire la bellezza delle cose, che ancora non abbiamo, che ancora dobbiamo raggiungere. Troverai un "Te stesso" che ti aspetta, sotto la luce della stella del vespro. Noi siamo racconti viventi, noi ci narriamo attraverso i sogni, le immagini, le canzoni, la poesia, i film, i libri, i social. Siamo narrazioni che cambiano copione costantemente, perchè la vita incalza. E il cambiamento è il fondamento, per una vita che si realizza, che diviene sempre più reale, senza doverla solo sognare. La via di Delfi, la via del dubbio, delle domande scomode, del " Ho sbagliato tutto, ricomincio da ora, da qui!".

La strada di casa, la strada per casa, per scoprire chi siamo davvero, quale origini ci sono nel nostro sentire, nel nostro soffrire, nel nostro modo di amare. In viaggio, dunque, senza timore, con il tuo timone! E qualunque sia la sfida, noi saremo i protagonisti, che in greco significa chi combatte in prima linea. Sorridi, e si cominci con uno sguardo che sappia di stupore.

Dedicato a tutti coloro che attraverso la sofferenza, la malattia, la mancanza, hanno imparato o stanno imparando a narrarsi in profondità, per cercare il proprio sogno, narrato dentro quella sofferenza.
Ascoltatori di sofferenze altrui, che sanno ormai comprendere nel profondo la propria anima. Viaggiatori instancabili verso le scoperte di nuove penisole di guarigioni interiori, che mirabilmente curano, a volte, le stesse ferite fisiche.

A coloro che stanno riscrivendo se stessi, che sanno onorare la loro storia, la loro vita, oltre la "selva oscura" che coraggiosamente hanno oltrepassato e che oltrepassano, ogni giorno.

Dedicato ai bambini che ci insegnano che la curiosità ci mette in movimento. I curiosi (seri), poi, sono felici, mai distratti e affidabili! Sono persone che aggiungono qualcosa alla relazione, e non tolgono nulla.

Auto-guarigione

Ho bisogno di capire quali sono quelle parole giuste, che mi permetteranno di restare sotto la pioggia o sotto il sole. Quelle parole che aprono e non chiudono, che sanno danzare tra i miei pensieri, portando un po' di pace, tra quelle derive della mia anima. Un pò di pace in quelle stanze cosi disordinate, dove non so mai riconoscere ciò che voglio da ciò che non voglio. Ciò che sento da ciò che non sento.

Ho imparato ad attendere, ad aspettare giorno dopo giorno, quel piccolo momento di consapevolezza. Che mi consente di sentirmi finalmente tutta me! Tutta me! Con il dolore che si fa intenso, delle mie fratture, nelle mie ferite. Ma questa volta il dolore non è cosi brutto. Non si può non soffrire, ma almeno non lo combatto, lo accetto.

E gli altri, spesso, cosi faticosi da vivere, li guardo, con le loro ferite, minacciati dalle loro stesse paure. A volte sembra che gli altri ti mettano "alla prova", ma la prova a cui credi qualcuno ti stia sottoponendo, non riguarda chi hai di fronte. Quella incresciosa e sofferta situazione sta dicendo qualcosa su di me, che prima non capivo. Ci stiamo sottoponendo a noi stessi. E farlo è cosa saggia, sebbene difficile. Altrimenti restiamo lì, a cercare un colpevole, un nemico, perchè ci sentiamo vittime. Ma non c'è stato un colpevole, solo eventi della vita. E che tutto, alla fine dipende da me. Unicamente da me. E penso alla ripetizione ossessiva di quelle "pratiche" a cui non so rinunciare. Qualcuno dovrà pure interromperla, e tocca a me. La vita deve avere qualità, e la mia vita fino ad ora è solo stata una sequenza di rituali, di cattive abitudini. Se cambio queste abitudini, lo so, cambio la mia vita.

Mi piace pensare ai miei migliori amici. Non sono eccezionali, ma sono sicuramente un'oasi. Un "luogo" dove mi sento a casa, dove posso essere e non devo "dover essere". Nessuno può colmare quella strana assenza, o vuoto che ci portiamo dentro, ma qualcuno può accompagnarmi ad attraversarlo e ad accettarlo. Chiamerò tutto questo: guarire!

Dedicato a tutti coloro che decidono di intraprendere un percorso di guarigione, profonda. Che lasciano che le cose si compiano innanzitutto dentro se stessi. Coloro che hanno intuito che sono co-creatori della loro realtà. Quelli che scelgono di imparare il linguaggio delle emozioni, che non temono di lasciarle accadere, e che non hanno più paura del loro sentire. Di quelli che non si lamentano più del mondo che fa schifo, ma che invece lo amano proprio cosi com'è, e cercano di migliorarlo nel loro metro quadro. E se ci fosse bisogno di cambiare qualcosa, sanno che ciò deve accadere, da dentro.

Frammento

Le difese sono delle strategie che ti servono solo per sopravvivere, che non è vivere.

Ma hanno un prezzo molto caro: ti riducono ad essere ciò che sei stato, per sempre.

Togliendoti tutta la libertà di poter diventare ciò che desideri.

Una terapia chiamata Arte

La relazione resta il " luogo" per eccellenza dove la mia coscienza ha potuto espandersi, svilupparsi, crescere, nell'ascolto, come nell'osservare. Ma essendo figlia di artisti, mio padre musicista, mia madre poetessa, ho scoperto che l'altro "luogo" dove la coscienza può accogliere la giusta illuminazione, è quello dell'arte, della musica, della pittura, della poesia e della danza. L'arte nelle sue infinite sfumature e espressioni abita ciascuna anima. E le anime ferite o tormentate, hanno sempre scoperto con l'Arte, un loro "pentagramma esistenziale", quel modo cosi unico di guardare il mondo, la natura, di dare dignità alla loro stessa umanità ferita, traumatizzata.

In versi, in gesti danzanti, in colori su tela, con un sentimento di ricerca e di scoperta, sempre più profondi, per dare una qualche risposta, che valga la pena per un'esistenza cosi sofferta e a volte cosi drammaticamente fragile.

E cosi ogni storia personale, travalica l'oltre di ogni storia in senso universale. Ogni piccola opera creata, trova spazio in un dire estremo ma aperto e più illuminato, che dal particolare dolore, rintraccia il dolore dell'universo; la forza ceatrice che può aiutare a guarire, a superare il guado e permettere ad un'esistenza travagliata di poter comunicarsi ad un mondo sordo, o troppo distratto e risvegliarlo, interrogarlo, sorprenderlo, emozionarlo!

Con creatività e gentilezza, con tenacia e passione, tutte energie vitali che convergono verso il diritto e il dovere di esserci, deboli o forti, sani o ammalati, che siamo, ma di esserci comunque, poiché chiamati, evocati tutti, ad esistere in egual modo e misura. L'arte è vera, è azione, è l'Ora, è un fatto, una parola, l'arte è presente e futuro.

L'arte è una cura, che aiuta a ritrovare noi stessi, nell'opera creativa che svela le nostre recondite verità. L'arte è terapeutica, una sinfonia di espressioni che permettono ad ogni cuore di modularsi ed emergere, con arte, da un buio, da un trauma, da un'invisibile vita. E cosi le emozioni evocate, sottratte all'inibitore, possono emergere e librarsi come farfalle liberate dalla tela di un ragno. E molti scoprendo pian piano la loro vera essenza hanno tradotto in poesia, musica, danza, pittura ciò che risuonava dentro e che non osava mai venir fuori. Cosi nasce un'aurora, cosi tu: un'aurora che ha vinto la sua notte.

Siamo persone corporee, siamo corpi personali

Quando guardi una persona, stai guardando un oggetto-persona, o meglio il suo corpo-oggetto, non il suo corpo personale. Oltre al corpo anatomico, fisiologico c'è il corpo personale. Il corpo-personale è un corpo che può ridestarsi all'interno di una cascata di emozioni, che lo travolgono e lo ri-svegliano per esempio da una forma di torpore. Ho visto persone che hanno ricominciato ad accarezzare, ad abbracciare, a mettersi in contatto nuovamente con il mondo. Le emozioni e il modo in cui le viviamo si riflettono nel modo di essere del nostro corpo e nel suo modo di trasformarsi, o di camuffarsi, o di rendersi invisibile, estraneo, distaccato, oppure vicino, socievole, raggiungibile, sensibile al contatto. Il corpo- personale è un corpo che si esprime all'interno di emozioni. Un corpo- personale è complesso, si narra nelle sue forme, con il suo peso, con i suoi limiti, con tutta la sua cosmogonia. Un corpo-personale non è bello, non è brutto, è al di là di tali categorie, perchè siamo: corpi-personali. Un corpo-personale ha una sua energia, una sua attrazione, una sua forma, una sua espressione. I corpi personali non sono riconducibili ad alcuna misura estetica. Perchè la bellezza, non è misurabile. Poiché essa non è in ciò che guardiamo, ma nel modo in cui guardiamo e ci guardiamo nel nostro corpo personale. *Amati corporealmente!*

Ps D'ora in poi quando incontri una persona per la prima volta, prenditi del tempo, per osservarla nel suo insieme. Non giudicarla subito per il suo aspetto fisico. Un corpo si racconta, rammentalo, anche un corpo "perfetto" si racconta e spesso narra la sua sofferenza di essere ingabbiato in un alone di apparenza e non di sostanza. E ci sono corpi che nelle loro forme arrotondate, narrano la semplicità e il coraggio di essere sé stessi. L'armonia dell'esserci. Anche la luna piena è rotonda e non snella!

Dedicato a chi sta facendo un percorso per accettarsi in quel suo corpo. Per un benessere anche fisico. Liberandosi da sovrastrutture ideologiche e stereotipi sociali.

Sei Tu, con la bellezza del tuo corpo personale! Stai andando alla grande!

Frammento

Il corpo è come una cetra, uno strumento musicale che con i suoi gesti può comporre meravigliose melodie.

Credo che un abbraccio, per esempio sia una ragione ben accordata per compiere qualcosa che non avrà nulla di stonato

I non-ritorni

Certi ritorni, in qualunque forma si ripresentino, hanno bisogno di essere liberi, elaborati, sinceri, nuovi. Poiché non ci si salva, tornando indietro, al dolore di sempre, al non detto di sempre, al disagio di sempre, al silenzio che mette all'angolo, agli abbandoni costanti. Le relazioni di bene non dovrebbero metterci in ansia, non ci costringono a fare nulla, e non ci tengono, lì, sospesi con il peso dei nostri sentimenti, che non sappiamo più dove riporli. Ogni vero ritorno ha parole di speranza, parole che sanno esprimersi alla luce del sole, poiché volersi bene è cosa buona. E c'è bisogno di gesti chiari, espliciti. Altrimenti, non è qualcuno che vuole davvero tornare. Ma qualcuno che vuole solo rubarti il tempo.

Dedicato a te, che chissà quante volte e anche adesso, ti stai chiedendo ancora per quanto tempo dovrà durare questa tortura...a te che non riesci a smettere di pensarlo, di pensarla, anche se sai bene che ti sta facendo del male. La didascalia delle maledette promesse perdute, dei gesti accorti e poi quella lontananza glaciale.

Dedicato a te che è tempo di decidere se l'amore è "sentirsi a casa" o " prigionieri", "intrappolati", mani e cuore dentro un vortice di bugie e illusioni.

Le persone le amiamo, poi fanno qualcosa e ancora e ancora qualcosa di brutto, e allora quelle stesse persone, cominciano a sgretolarsi dentro di noi, pezzetto dopo pezzetto.

Abbi attenzione e cura per te, perchè il tuo cuore non si riduca a frammenti di te.

Dedicato a chi non sa più tornare e vorrebbe..

Frammento

I dissipatori di vita, di attimi, di tempo, mai puntuali nelle loro "scuse" o nei loro "grazie".

Voi che troppi treni vi perdete alle stazioni sbagliate.

Disperse, precarie e inutili le attese, che rallentano il divenire delle cose, e offuscano il da farsi.

Frammento

Quando devi ri-cominciarti, a partire da una perdita, o da un dolore, non restare fermo,
se stai fermo a riflettere, muori.
Dunque agisci, e il tuo agire determinerà chi sei e chi vuoi essere.

Prenditi cura di te, medicati a dovere, concentrati sulle vie di guarigione da seguire.
Poichè solo l'azione ti garantisce il futuro. L'amore è azione, sai?

Prenditi cura di me

"Sento che il mio umore è instabile, piango spesso, senza motivo apparente, in casa c'è tensione, non parlo più con nessuno di loro. La notte sto sveglia per ore, poi crollo per un po' e di nuovo sono sveglia. Ho pensato di farla finita, mi sono tagliata sulle gambe e sulle braccia. L'altro ieri mi sentivo mancare fuori dalla porta della classe, sentivo di non poter respirare più, le forze venivano meno. Avverto per tutto il corpo un formicolio intenso e fastidioso. Mi sembra di impazzire dal dolore, vorrei aprire la pancia e svuotarla! Vorrei essere invisibile, scheletrica e non essere questo schifo di corpo che ho! Nessuno riesce a capire, e quello che mi dicono gli altri neanche mi sfiora e le persone le sento cosi distanti, anni luce! Scarico sul cibo la mia angoscia, mi sento fuori posto ovunque vado! Mi sento in un altrove e ho paura che nessuno possa mai più raggiungermi".

Non basteranno tutte le rassicurazioni del mondo per colmare il vuoto di certe ferite, e la realtà sembra solo confermare la sconfitta di ogni aspettativa. Tutte le forme di dipendenza sono figlie di un senso profondo di svalutazione, e da qui inizierà un circolo vizioso che porterà al senso di colpa, alla ricerca ossessiva dell'oggetto da cui si dipende, sul quale scaricare tutta l'angoscia che c'è. La svalutazione di sé ha un'origine antica, che può risalire al tempo dell'infanzia; come il mondo dei giochi, ma ahimè, spesso, anche il mondo chiuso delle regole rigide di comportamento, di sicuro efficacemente protettive, ma con il tempo tendono a strutturarsi, creando nel bambino che cresce e nell'adulto che diverrà, un bisogno costante e urgente di continue conferme e rassicurazioni. Nella malattia, qualunque malattia, si devono considerare soprattutto i familiari come responsabili del destino dell'ammalato, quanto il medico e il personale sanitario. Dal momento che anche e soprattutto i familiari hanno a che fare con le forme di cura di cui avrà bisogno il loro caro. Bisogna recuperare un nuovo senso del tempo, prestare attenzione, approcciarsi con la calma, non avere fretta nell'acquisire dei risultati. Ogni guarigione ha i suoi tempi, i suoi modi. Senza generare confusione, si agisce secondo le esigenze di chi sta male e ha necessità di avvertire serenità e capacità di attesa da tutti coloro che sono chiamati in causa per aiutare, per supportare. La pazienza, per i latini, significava non rassegnazione, ma piuttosto, guardare all'obiettivo senza perderlo di vista, durante l'attesa. E mentre si attende, l'attesa ci cambia, l'attesa dà modo di poter muovere quei passi necessari ad un cuore adolescente, per esempio, per ritrovare se stesso. Attraverso piccoli e progressivi impegni da portare a termine, impegni che falliranno sempre di meno. Se guidati, accompagnati con cura e calma e pazienza. Allora qualche bagliore si presenterà come

in un mattino di primavera, anche se fosse inverno.
Con un po' più di fiducia in tasca e con uno
sguardo e un cuore, che seppur vulnerabile, riesca
ad ospitare più mondo, a fare spazio agli altri, alle
amicizie, alle nuove esperienze. " Prenditi cura di
me per favore"

Esserci

Anche se gli inciampi fanno male, anche se quasi sempre ciò che sembra non è, sotto un cielo bendato, feriti dalle delusioni, potrebbe fermarsi il respiro. Cosi profonde le ferite, indietro non si può più tornare. Il tempo, non è vero che accomoda le cose, poiché le cose: non sono più come prima. Come andare avanti?

Ma sotto la pioggia che scende più forte quale miglior riparo di un porto lontano, di un oltre che non è "altrove". E quindi salpare verso nuovi orizzonti di vita, e continuare la sfida. Perchè non sei più la stessa persona prima; ne hai attraversate di tempeste e di dolori..e il tuo cuore batte con una forza nuova, anche se fa ancora male. E hai capito che il passato non lascia sentenze, sono solo esperienze.

Le stagioni incalzano e il viaggio continua, e tu hai imparato che nella vita non devi esistere, ma Essere.

Frammento

Quando la crisi è terminata,
restano con te chi ti ama
chi ti vuole bene, chi si è
preoccupato di portarti da
mangiare,
chi ti ha cercato alla sera.

Perchè le persone più importanti
sono quelle che ti fanno luce,
sempre!

Quando mi chiedono cos'è l'amicizia, io rispondo, essere amati da una persona che è lì, per te, disarmata e disarmante. L'amico è colui che ti tocca nell'intimo, e si fa profeta del tuo bene. E resterà tra coloro che lasciano un'orma sulla tua vita, per sempre. In questo tempo di relazioni a scadenza, di abbandoni rapidi, di affetti improbabili, essere con-tattati davvero da qualcuno, resta un'esperienza importante, tra le più importanti. Poiché ciò che vale la pena, lo puoi solo incontrare. Lo puoi solo sperimentare, toccare, appunto. L'amico risveglia in te le sorgenti della tua vita, sa considerare i tuoi limiti ma non ti giudica mai. E' per questo che chi ti vuole davvero bene, non te la toglie la vita, ma te la restituisce continuamente. E il Tocco, di chi cerca con te, il tuo bene, può cambiarti la vita.

Dedicato a coloro che si sono lasciati con-tattare, toccare, e lì, dove hanno permesso che accadesse, hanno saputo dirsi "Qui posso dire di essere me stesso".

Frammento

*Chi scegli di voler bene, deve
sentirsi " a casa" con te.
Può stare in pantofole, o seduto
sulle scale,
fuori dalla porta, o entrare con le
scarpe sporche di fango,
o portare una grossa scatola che
lascerà in mezzo alla stanza.
E lascia sempre le porte e le
finestre aperte, perchè possa
ritornare a qualunque ora del
giorno o della notte nel tuo cuore.
Se decidi di voler bene ad una
persona, considera in quel tuo
bene anche i suoi fardelli.
Quasi sempre le persone sono
quel che sono, non per scelta, né
per colpa.*

Frammento

*Credo che la solitudine a volte
sia salutare.
Parlo di quella "stanza"
nella quale ogni tanto ci
rifugiamo.
Una stanza del cuore abitata
costantemente
dalla presenza degli altri.
Dalla presenza di tutti coloro che
camminano
con noi su questa terra*

Frammento

Credo sia importante saper cambiare idea su qualcosa, su qualcuno, credo sia segno di maturità e di autostima.
Cosi quando imparo dagli errori.
Quando trovo il modo di custodire ciò che è stato importante e lo sarà.
Quando lascio andare senza trattenere.
Quando provo a sorridere, mentre vorrei piangere, poiché certe lacrime, non possono essere consegnate a chiunque.

Primo passo per la guarigione: saper accettare

Accettare è una parola abusata e usata male dal nostro linguaggio quotidiano. Difatti è alquanto difficile darle un senso ben diverso, dal momento che la usiamo in molti come sinonimo di rassegnazione. Accettare invece significa, appunto, "accetta" ciò che ti viene dato, offerto, in questo giorno, in questa circostanza della tua vita. Vuol dire, apriti alla realtà cosi come si presenta, non chiuderti, accettala per come si presenta nella tua Ora, qui. Non combatterla, restaci dinanzi, non giudicarla; l'inizio di ogni vero e profondo cambiamento è accettare la realtà, né più, né meno. Ogni cambiamento ha a che fare con la tua capacità di aderire alla realtà, di fare verità. Lo so, ci si aspetta di dover fare qualcosa, spostare qualcosa, dire qualcosa, niente di tutto questo. Devi solo accettare per ora ciò che ti accade, non fare nulla, il tuo accettarlo sta già mettendo in moto forze e energie rivitalizzanti. Stai già ri-cominciandoti: accettando le cose come stanno.

E accettare non è solo il primo passo per guarire, per cambiare, ma è anche il punto fermo dal quale ripartire, la piattaforma sulla quale costruire il tuo futuro a partire da quell'accettazione. Se la tua vita non sta andando bene il primo passo è accettare questa condizione; i pensieri e le emozioni che ti stanno devastando da dentro sono tutta energia vanificata, poiché stai ancora combattendo, non stai accettando. Ma se accetti che qualcosa non va bene, tutte le tue energie potrai sfruttarle in modo adeguato e funzionale in un'azione molto più efficace e i passi da fare ti saranno molto più chiari. Tutto ciò che nella vita possiamo risolvere, richiede un lavoro integrato, poiché i cambiamenti hanno a che fare con i pensieri, le credenze, le emozioni. Ma tutto sarà vano se non si inizia ad accettare ciò che c'è.

Frammento

*Chi ha il coraggio di traformarsi,
guarisce.
Chi ha il coraggio di cambiare
alcune sue idee, guarisce.
Chi ha il coraggio di incontrare il
proprio sé, guarisce.
Chi ha il coraggio di dirsi, in un
mattino qualunque
"Sto sbagliando tutto", guarisce.
Chi sente dolore, e vuole guarire,
guarisce.
Se ti vuoi bene, guarisci.*

*Guarire: divenire Guardiani della
propria vita, rispetto ad ogni
dimensione che la rappresenti.
Non è solo sanare.
Guarire ha a che fare con
l'Osservazione.*

Nutrire la vita

Ogni guarigione è un processo interiore, cosi individuale, cosi unico. Quando le cose cominciano a non andare bene, quando scopri di avere una malattia, quando muore chi hai amato da una vita, come si può guarire? Come si può continuare a vivere bene?

Solitamente per situazioni meno gravi, per sofferenze diverse, le persone spesso si mettono in cerca di soluzioni, di risposte, e cosi scoprono il guru di turno, i gruppi, corsi e ri-corsi, tecniche varie e quant'altro. Perchè se le cose vanno male, spesso si fugge, oppure entri in conflitto con la vita stessa e cominci a ruminare dentro la mente, che diventa un ingranaggio tra i mille "perchè?". Si cercano risposte, motivazioni, ci si appella a risoluzioni che vanno oltre la vita che si sta vivendo, oltre, perchè la vita diventa brutta da vivere e ne vorremmo stare fuori. Purtroppo spesso, quando le persone si rivolgono a me per problemi personali, mi narrano che nonostante i corsi seguiti, le ultime tecniche eseguite sul creare la realtà ecc; sebbene alcune cose comunque siano un po' cambiate: certi problemi sono rimasti uguali e cosi certe sofferenze. Ciò accade perchè per molti, il cambiare è solo un processo mentale, ma con il mentale non cambia proprio nulla! La vita non si svolge nella testa! La vita si genera ugualmente, come accade con le piante, i germogli che creano il fiore, il fiore che crea il frutto. La vita si genera oltre le parole, perchè l'esistenza non può essere contenuta dentro le parole. Ciò che ci affligge di più è che non vorremmo che ci accadessero cose che non ci piacciono, ed è questo che ci porta a fuggire da alcune situazioni della vita, a rifugiarci dentro realtà virtuali, consegnando alla mente il compito arduo di rassicurarci una visione sempre meno reale del tutto. Ma non è cosi che stanno le cose. Se sto male piango, ed è bene che io pianga, se sono preoccupato, sarò preoccupato, ed è un bene. Ma posso vivermi queste situazioni in un modo diverso e senza entrare in conflitto con il cosiddetto "destino" o fare ogni volta le valigie! Ritengo che ogni forma di sofferenza abbia bisogno di essere accolta, e vissuta in pienezza. Poichè la sofferenza fa parte della vita, non è qualcosa di straordinario. E' un'esperienza come tante altre che ci introduce ad una profonda conoscenza di noi stessi. Poichè solo attraverso l'esperienza possiamo dire chi siamo davvero. Fuggire l'esperienza significa voler trovare sempre una scorciatoia. Viverla appieno invece ci consente di lasciarla accadere, senza domande o risoluzioni. Permettendo l'esistenza anche di ciò che non ci piace, senza fuggire, senza cercare nell'oltre del presente, dell'adesso. E ci trova qui, presenti, vigili, con tutto il nostro sentire emotivo, fisico, coscienti e consapevoli, come non mai. Lascia che accada il tuo pianto, senza interrogarti se sia giusto o meno, senza soffocarlo, inibirlo. Lascia che accada il tuo sgomento, il tuo dolore, il tuo sconforto. Accadi anche tu, e diventi già altro da te, dentro questa esperienza che ti sta cambiando, che si sta evolvendo con te. E questa onda di energia che è la tua esistenza, passerà ad altra forma, ad altra esperienza, poiché ogni esperienza vissuta appieno evolverà in un tempo non troppo lungo. Sapere chi sei riguarda questa capacità di essere sempre nel tuo presente con coscienza nitida, con volontà operante, dentro un'azione portatrice di senso e di significati più profondi che maturerai nel tempo, il tuo tempo. Nel frattempo non scappare, resta dentro questo momento sofferto, faticoso, resta e impara chi sei, cos'è la vita, cos'è vivere senza più soffrire mentalmente e inciampare sempre nell'abisso dei "perchè?". Lasciati coinvolgere ma agendo allo stesso tempo, lascia che accada senza dover per forza trovare una risposta, senza spossarti nel ricercarne le cause. La vita è un motore evolutivo, essa va nutrita dalla tua abilità di lasciare che accada nelle sue multiformi variabili. Dall'esperienza all'azione, dall'azione alla conoscenza di te, dalla conoscenza di te alla consapevolezza della vita. Qui sta la differenza tra Esserci ed esistere.

Dedicato a chi va avanti un passo alla volta, obbedendo alla vita stessa: oggi fà ciò che in questo giorno la vita, le incombenze, il lavoro ecc ti chiedono di fare, resta dentro questa sana obbedienza e fà ciò che riesci. Poichè si guarisce solo stando in contatto con la realtà. Buon inizio, buon cammino a te!

Epilogo

Di frammenti e di vita.

Sono sempre stata curiosa della vita e di conoscere come funzioniamo noi esseri umani. Per capire e accettare le risposte che trovavo, ho dovuto prima imparare a vivermi le domande. Le domande hanno una loro natura tutta speciale, restano a volte aperte, per non dare spazio a risoluzioni arbitrarie, a risposte comode, a visioni parziali. Restare aperti, lasciare che la riflessione faccia il suo corso e solo dopo un po' di tempo, arriva la risposta, mai scontata, quella giusta, quella che dovrebbe trovarci più consapevoli che non abbiamo la verità assoluta in tasca e che questa vita va vissuta proprio perchè solo empiricamente possiamo comprenderla, accettarla, smussarne qualche angolo. La vita ti insegna ad usare i puntini di sospensione, a saperti adattare, ad agire, prima di dire chi sei veramente. In questo libro c'è una parola che ricorre sempre, è " Frammento".

Le persone, dal mio punto di vista, sono come frammenti che cercano per tutta la vita di far parte di un Insieme, che cercano unificazione, di unificarsi. Che non è uniformarsi.

Un po' tutti, chi più chi meno possiamo rispecchiarci in alcune di queste caratteristiche, cosi io, cosi tu. Siamo precari con l'affettività, irrisolti in qualche dimensione dei nostri vissuti, imperfetti, contarddittori, fallibili, fragili, bugiardi quando crediamo serva, ingenui, maldestri, egoisti, insufficienti, ambivalenti, deludenti, maniaci del controllo, narcisisti, dipendenti, poveri d'animo, in divenire, non sempre appagati, solitari, presuntuosi, bisognosi di conferme, generosi, idealisti, forti, fragili, incompresi, intraprendenti, timidi, aggressivi, meschini, audaci, in fuga, in attacco, in difesa. Ma tutti in cerca di un posto dove stare, un posto dove sentirsi a casa, amati, apprezzati, considerati. E la vita è la "metafora" di questa ricerca. Una ricerca che si svolge per tratti, per frammenti di esperienze che si accumulano nel tempo. Frammenti che seguono un filo rosso, perchè qualche volta, tutto un po' torna. E se non torna tutto, accettare di andare avanti con ciò che si ha, in quel dato momento. Siamo persone, esseri umani che cercano un modo per realizzare questo viaggio al meglio. Gli altri sono quei frammenti che ci aiutano a mettere Insieme la nostra vita, e tentare di far divenire il mondo un luogo per Essere, lì dove ci si riesce, e non per sopravvivere.

Le relazioni giocano un ruolo fondamentale in tutto ciò. Sono un'opportunità di crescita, sempre e comunque. Ti consentono di trovare risposte su come sei davvero e insegnarti, spesso, a ricucire tratti di te dispersi. Le relazioni ti aiutano a capire come ami e perchè, come odi e perchè, come tradisci e perchè. Come vuoi migliorare e perchè. Sono il guado che dice tu chi sei, al di là delle parole. Le relazioni ti rivelano se ti piace vivere nel mondo delle parole o in quello delle cose, dei fatti. Le relazioni ti dicono di quanto hai bisogno degli altri, del loro affetto, delle loro attenzioni, di quanto sei fragile e di quanto sei forte. E che essendo un "frammento" sia naturale tutto ciò, e non qualcosa che debba farti paura. La relazione è anche un'esperienza"intrusiva", devi imparare a fare spazio all'altro, e anche se ami, l'altro resta quell'incognita che devi svolgere, quella presenza che sai che può nuocerti perchè ci sono i sentimenti di mezzo. La relazione è come andare sulle montagne russe, non sai alla prossima curva cosa c'è. Ma la natura del "frammento" è quella di trovare il suo Insieme, la completezza, la sinfonia. Perchè non è vita restare soli come un frammento. E come dice un autore "Noi siamo la goccia e il mare al contempo, l'aria e il vento, il punto e lo spazio che lo contiene". Ciò che ti consegno in questo libro è ciò che ho sondato fino ad oggi, e domani potrei rimettere in discussione molte cose, forse. Non so, ma al momento sono giunta a scriverti queste cose, che sono ciò che possiedo come esperienza sul campo, come direbbe un antropologo. E te le consegno, perchè mi piace condividere, che è preludio del verbo "crescere", per me.

Nella frammentarietà cerca l'Insieme a cui appartieni, l'Insieme dei tuoi sogni che divengono progetti, l'Insieme dei tuoi affetti che divengono relazioni a cui dai tempo e attenzione, l'Insieme dei tuoi valori che ti sospingono ad agire per un bene o un tentativo di far del bene, l'Insieme delle tue emozioni, con le quali entri in una comunizìcazione sempre più profonda, per viverle secondo la loro natura. Anch'esse come frammenti, si muovono verso una pienezza di intensità, lasciando poi spazio all'elaborazione, spazio ad un passaggio di senso e di significato interiore. Lasciare che ti conducano, "Emovere", fuori da te per leggerti meglio e sapere come senti, come funzioni emotivamente. Senza più paura di sentire quella certa emozione o di sentirti in colpa per averla sentita. L'Insieme delle tue idee, svincolandole dai codici educativi a volte, da alcuni codici di comportamento dettati dal sistema, da un certo modellamento sociale, dalla pubblicità, dai social, dal sentito dire, dal " si fa cosi". E questo libro è un mio piccolo Insieme, dove ho unificato, narrazioni, riflessioni e esperienze personali e professionali, che ho attraversato in questi ultimi anni. Perchè alla fine sono divenuta io, la mia persona quel "luogo" dove si sono incrociate tante storie e relazioni. La ricerca di completezza si estende lungo tutta una vita, perchè finchè cerchi sei in un divenire, chi si distrae dalla ricerca per troppo tempo, finisce per soccombere o peggio, per ammalarsi. Ma l'Insieme a cui sono più grata è quello dei miei errori, dei miei inciampi, del dolore imprevisto, inaspettato, delle gioie inattese, degli amori inattesi. E' questo Insieme che mi ha resa un "frammento" capace sempre di più di unificazione, di relazione. Rinforzandomi e facendomi crescere, e incoraggiandomi poi a cambiare necessariamente certi miei aspetti comportamentali, per un futuro relazionale migliore e con meno sofferenza. La "frammentarietà" mi ha insegnato ad accettare la sofferenza, ad accettare che non tutto va come vorrei, che c'è in gioco la volontà dell'altro. La libertà dell'altro. Ed è questa libertà che bisogna saper amare, la mia, la tua, quella degli altri, amarla più di ogni cosa, affinchè l'Insieme sia uno Spazio senza confini, senza porte, con la possibilità di esprimersi ed essere se stessi, sempre, senza vincoli, ma creando legami. E non c'è nessun individuo che non abbia esperienza di questa frammentarietà, del sentirsi frammento in mezzo ad un deserto o in mezzo al caos di una grande città. Ti auguro dunque di trovare i tuoi Insiemi diversi e unificati. Unificati da te, perchè ognuno di noi è come un piccolo "ponte" che Insieme ad altri, tentano di raggiungere più esistenze possibili.

Ps Grazie per avermi "ascoltata" tra queste pagine. Buon viaggio, buona vita!

Alcuni consigli: libriamo un po'!

Russ Harris " La trappola della felicità"
Erica Poli " Le emozioni che curano"
Erica Poli " Anatomia della guarigione"
Erica Poli " Anatomia della coscienza quantica"
Eugenio Borgna " Le parole che ci salvano"
Eugenio Borgna " Le emozioni ferite"
Dale Carnegie " Come trattare gli altri e farseli amici"
Dale Carnegie " Come trattare gli altri nell'era digitale"
Daniel Goleman " L'intelligenza emotiva"
Daniel Goleman " L'intelligenza sociale"
Daniel Lumera " I 7 passi del perdono"
Michela Marzano " L'amore che mi resta"
Michela Marzano " Volevo essere una farfalla"
Umberto Galimberti " I miti del nostro tempo"
Umberto Galimberti " La parola ai giovani"
Francesco Rossi "La bellezza di cui hai bisogno"
Sandra Frenguelli " Su una gamba sola"
Igor Sibaldi " Disobbedienza"
Zygmunt Bauman " L'arte della vita"
Andrea Marcolongo " La lingua geniale"

Andrea Marcolongo " La misura eroica"
 Dante Alighieri " La Divina Commedia"
Omero " Odissea"
Dalai lama -Daniel Goleman " Emozioni distruttive"
Jordan Peterson " 12 regole per la vita. Un antidoto al caos"
Bill Burnett- Dave Evans " Design your life. Come fare della tua vita un progetto"
Paolo Borzacchiello " La parola magica"
Gennaro Romagnoli " Facci caso"
Matteo Rampin " Pensare come un mago"
 Thich Nhat Hanh " Trasformare la sofferenza. L'arte di generare felicità"
 Chip Heath- Dan Heath Switch on. " Come cambiare quando cambiare è difficile"
Wayne Walter Dyer " Le vostre zone erronee"
Anthony Robbins " Come ottenere il meglio da sé e dagli altri. "
Stephen Chbosky " Noi siamo infinito. Ragazzo da parete"
James Hillman libro Il codice dell'anima

Consigli Filmografia

Matrix

Orgoglio e pregiudizio con Emma Thompson

La zona d'ombra

Il ponte delle spie

Noi siamo infinito

Wild

Orgoglio e pregiudizio con Keira Knightley

Love actually

The guardian. Salvataggio in mare

Wonder

Cartone La Bella e la bestia

Miss Peregrine. Ragazzi speciali

Neverland

Lady bird

La custode di mia sorella

Sette anime

Colpa delle stelle

Mangia prega ama

Paradise beach

Chocolat

Predestination

Michael clayton

Tomorrowland. Il mondo di domani

Cuori in Antartide

The life of David Gale

The giver. Il mondo di Jonas

L'attimo fuggente

I am Sam